STUDIA
HUMANITATIS
문명텍스트

STUDIA
HUMANITATIS
문명텍스트
45

Mirabilia descripta

신기한 것에 관한 서술

중세 수도사의 인도 여행기

요르다누스 카탈라 드 세베락 지음 | 박용진 번역·주해

서울대학교출판문화원

STUDIA HUMANITATIS
문명텍스트
45

신기한 것에 관한 서술

중세 수도사의 인도 여행기

초판 1쇄 발행 2020년 1월 30일

지은이 요르다누스 카탈라 드 세베락
번역·주해 박용진
펴낸이 오세정
편집 정승아
디자인 장혜원
인쇄 수이북스

펴낸곳 서울대학교출판문화원
주소 08826 서울 관악구 관악로 1
도서주문 02-889-4424, 02-880-7995
홈페이지 www.snupress.com
페이스북 @snupress1947
인스타그램 @snupress
출판등록 제15-3호

ISBN 978-89-521-1870-7 94980
978-89-521-1574-4 (세트)

이 저서는 2007년 정부(교육과학기술부)의 재원으로
한국연구재단의 지원을 받아 수행된 연구임(NRF-2007-361-AL0016).

옮긴이의 말

프랑스 여행을 다녀왔다고 하자. 여행이 어땠는지 친구들이 나에게 물어볼 것이다. 그런데 파리에 들르기는 했지만 에펠탑을 눈여겨보지 않았다면 어떻게 말해야 할까? 사실대로 말해야 할까, 아니면 대강 얼버무릴까? 사실대로 말한다면 누군가는 그곳에 갔다 왔다는 사실 자체에 대해 의문을 품을지 모른다. 좀 더 교묘한 사람이거나 탁월한 이야기꾼이라면 직접 본 것과 직접 보지는 않았더라도 기존에 들었던 정보를 종합하여 그럴싸한 여행기를 풀어놓을 것이다. 결국 여행기란 자신이 보고 경험한 것만을 글로 옮기는 것이 아니라 독자들이 원하는 이야기를 섞어 넣은 것이라 할 수 있다. 그러므로 여행기에는 자신의 경험만이 아니라 사회의 기존 관념이 투영되어 있기 마련이다.

독자들이 여행기에서 발견하고자 하는 것은 새로운 것, 신기한 전통, 대자연과 그것이 주는 경이로움 등이다. 그런 것들은 자신이 속한 사회에서는 볼 수 없는 것들이어야 한다. 그러므로 여행기 속에 펼쳐진 세계는 내가 속한 사회와는 정반대의 세계이며, 이런 점에서 여행기의 독자들은 유토피아를 찾고 있는 셈이다.

중세 시대의 동방 여행기는 여행기가 가지고 있는 이런 성격을 잘 보여 준다. 마르코 폴로(Marco Polo)의 『동방견문록』에는 실제 경험한 내용과 더불어 그가 경험하지 않은 내용도 많이 포함되어 있다. 『동방견문록』보다 더 많은 인기를 끌었던 『맨더빌 여행기』는 심지어 동방에 가보지도 않은 사람의 작품으로, 이 여행기의 저자는 다른 여행기에 수록된 정보와 동방에 대한 통념을 편집하여 그럴듯하게 들려주고 있을 뿐이다. 한마디로 이 여행기는 대중이 듣기 원하는 이야기를 잘 편집하여 독자의 상상력을 키워 준 책이다. 그렇다고 해서 이런 여행기들의 가치와 영향력을 평가절하할 수는 없다.

중세인들은 이런 여행기들을 통해 동방에 대한 자신들의 관념이 상상이 아니라 실제로 그러하다는 확신을 가졌을 것이다. '에덴의 동쪽'이라는 말이 보여 주듯이, 중세인들은 동방에 낙원이 있으며 언젠가는 그곳에 도달하리라는 꿈을 가졌다. 이런 그릇된 꿈과 확신이 유럽인들을 아시아와 아프리카 그리고 아메리카로 이끌었던 것이다.

그러나 동방에 도착하여 그곳에 낙원이 없음을 알게 된 유럽인들은 어떤 태도를 취했을까? 기대했던 낙원이 없으니 유럽으로 되돌아가야 했을까? 그 이후 유럽인들은 낙원이 동방이 아닌 다른 곳, 즉 남방이나 지하, 혹은 천상에 있다고 생각하게 되었다. 한편 낙원이 없는 동방은 동경의 대상이 아니라 관찰과 탐구의 대상이 되었다. 이리하여 동방 여행기는 기독교적 관점에서 벗어나 점차 과학적 관점에서 서술되기 시작했다. 이런 새로운 여행기들은 비록 당대인들에게 관심을 얻지는 못했지만, 후일 새로운 세계를 객관적으로 보는 데에 도움을 주었다.

요르다누스 카탈라 드 세베락(Jordanus Catala de Sévérac)의 여행

기 역시 그러한 책 가운데 하나다. 그는 인도에 다녀와서 자신이 직접 보고 들은 것을 중심으로 여행기를 썼다. 그런 까닭에 그의 책에는 다른 여행기에서 볼 수 없는 내용이 풍부하게 들어 있다. 물론 요르다누스도 기존 관념을 완전히 무시할 수는 없었을 것이며, 그 자신도 전통적 관념을 믿고 있었을 것이다. 즉 요르다누스도 당시 사람들이 믿었던 전설과 상상의 세계를 믿고 있었다. 사제왕 요한에 얽힌 이야기라든가 노아의 방주, 그리고 인도 너머의 변경지방에 사는 기이한 족속들에 관한 이야기를 요르다누스도 빼놓지 않고 서술하였다. 그러나 요르다누스는 자신이 본 것과 기존 관념을 비교적 철저하게 분리하여 서술했는데, 이처럼 관찰 결과를 바탕으로 서술했다는 점에서 과학적이고 객관적인 태도를 가지고 있었다고 할 수 있다. 또한 관찰 대상이 주로 자연이었다는 점에서 자연에 대한 새로운 태도가 싹트고 있었음을 엿볼 수 있다. 기독교의 세계관에서 보면 자연이란 신이 창조한 질서의 일부이므로, 자연에 대한 관찰은 신의 질서를 관찰하기 시작했음을 의미한다.

요르다누스는 사실을 충실하게 기록한 사람이었고, 이런 그의 기록은 그 후 인도를 여행한 사람들에게 영향을 주었다. 요르다누스 이후에 인도에 간 마리놀리(Giovanni de Marignolli)는 요르다누스의 기록을 토대로 자신의 여행기를 서술했다. 요르다누스의 여행기는 중세 시대에 인기를 끌었던 『맨더빌 여행기』나 마르코 폴로의 『동방견문록』에 비하면 거의 읽히지 않았다고 할 수 있다. 그러나 『맨더빌 여행기』와 『동방견문록』이 중세인들의 상상력을 자극했다면, 요르다누스의 여행기는 중세 지식인에게 과학적 태도와 객관적 지식의 모범을 보여 준 여행기라는 면에서 의미가 있다고 하겠다.

이 책을 번역하면서 크리스틴 가드라(Christine Gadrat)의 편집본에 주로 의존했으며, 20세기 초에 출간된 앙리 코르디에(Henri Cordier)의 편집본도 참조했다. 두 편집본 모두 인도 이외의 아시아 지역, 특히 몽골 지배 지역에 관해서는 보충이 필요한 것으로 생각된다. 그럼에도 요르다누스 여행기에 관한 한 당분간 가드라의 편집과 해설을 넘어서는 편집본이 나오기는 힘들 것 같다. 가드라의 친구로서 요르다누스의 여행기를 번역하도록 추천해 준 남종국 선생에게 감사드린다.

2019년 12월

박용진

❁ 차례

중세 수도사의 인도 여행기

■ **해제**

요르다누스 카탈라 드 세베락(Jordanus Catala de Sévérac)은 도미니크 수도회 소속의 수도사로서 1321년 인도에 도착했으며, 1329년경에는 오늘날의 방글라데시, 버마, 스리랑카를 방문했다. 그는 앞 세대 프란체스코회 수도사들이 중앙아시아를 거쳐 아시아로 향했던 것과는 달리, 남쪽으로 향하여 인도를 거쳐 중국에 도달하려고 했다. 요르다누스는 이 여정을 기록으로 남겼는데, 그 기록이 바로 『신기한 것에 관한 서술(Mirabilia descripta)』이다. 이 책은 인도의 지역 구분과 각 지역의 생산물, 기후, 관습 등에 대해 자세하게 설명한 풍속서로서, 인도에 관한 한 마르코 폴로의 설명을 넘어서는 것으로 평가받고 있다. 특히 인도를 세 지역으로 구분하면서, 사제 요한 왕국이 흑해 인근이 아니라 아프리카의 에티오피아 근처에 있다고 언급한 초기 저작 중 하나다. 이런 주장에 근거를 두고, 유럽인들은 몽골 대신 확실한 기독교 국가인 사제 요한 왕국을 찾으러 나섰고, 이런 동기가 15세기의 대항해 시대를 열었던 것이다.

중세인들의 동방 여행과 여행기

동방을 찾아간 것을 기록한 여행가로는 조반니 데 카르피니(Giovanni de Carpini)와 더불어 기욤 드 뤼브룩(Guillaume de Rubrouck), 마르코 폴로(Marco Polo), 오도리코 다 포르데노네(Odorico da Pordenone), 조반니 데 마리뇰리(Giovanni de Marignolli), 조반니 다 몬테코르비노(Giovanni da Montecorvino) 등이 있다.[1] 마르코 폴로를 제외하면 모두 수도사로서 선교의 임무를 띠고 파견된 사람들이었다. 이런 점에서 이 시기에 이루어졌던 유럽과 동방의 교류를 종교로 한정하여 생각하기 쉽다. 특히 십자군에 이은 기독교 세계의 공격적인 팽창으로만 이해될 가능성이 있다.

그러나 중세 유럽에서 종교와 사회를 분리하여 생각할 수는 없다. 다시 말하면 성속의 분리는 전혀 이루어지지 않은 상태였고, 기독교가 일상 속으로 점점 더 깊이 파고들던 시기였다. 예를 들어 유럽의 최고 권력자는 (비록 저물어가고 있기는 했지만) 교황이었고, 유럽 도처에서 주교는 곧 영주였다. 정치와 종교를 분리하는 것은 불가능한

---

1 카르피니, 뤼브룩, 오도리코(오도릭)의 여행기는 다음 책에 실려 있다. M. Komroff (ed.), *Contemporaries of Marco Polo*, New York: Liveright Publishing Co., 1937.

마르코 폴로, 오도리코(오도릭), 카르피니, 뤼브룩의 여행기는 우리말로 번역되어 있다. 마르코 폴로, 『동방견문록』, 김호동 역주, 사계절, 2006; 오도릭, 『오도릭의 동방기행』, 정수일 역주, 문학동네, 2012; 카르피니·뤼브룩, 『몽골제국기행』, 김호동 역주, 까치, 2015.

그리고 여행기는 아니지만 동방에 관한 책으로 당시에 큰 인기를 끌었던 『맨더빌 여행기』도 번역되어 있다. 존 맨더빌, 『맨더빌 여행기』, 주나미 옮김, 오롯, 2014.

아울러 이들의 성과를 종합한 헨리 율과 앙리 코르디에의 글도 참고할 만하다. 헨리 율·앙리 코르디에, 『중국으로 가는 길』, 정수일 역주, 사계절, 2008.

중세 유럽인들의 아시아 여행 연대표

1245-47	조반니 데 카르피니(몽골)
1245-48	아셀리노 디 롬바르디아, 시몽 드 생캉탱, 앙드레 롱쥐모 (아르메니아와 페르시아)
1249-51	앙드레 롱쥐모(몽골)
1253-54	기욤 드 뤼브룩(몽골)
1271-95	마르코 폴로(중국)
1289-1328	조반니 다 몬테코르비노(중국, 북경 대주교)
1318-30	오도리코 다 포르데노네(중국)
1321-30	요르다누스(인도, 퀼론 주교)
1338-53	조반니 데 마리놀리(중국)
1420-36	니콜로 다 콘티(동남아시아)

일이었으며, 성속의 투쟁은 상존하는 것이었다. 따라서 수도사가 파견되었다고 하더라도 그 목적이 종교에 국한된다고 볼 수는 없으며, 국왕이 파견하는 경우에도 종교적인 목적이 포함되기 마련이었다. 물론 두 경우 모두 궁극적으로는 '하느님 나라'를 건설하는 것이 목적이었다.

유럽인들을 동방 여행으로 이끈 것은 몽골의 팽창이었다. 몽골은 1206년 제국을 세운 이후 1368년 멸망하기까지 동쪽으로는 고려로부터 서쪽으로는 동유럽의 헝가리에 이르는 지역을 통치했다. 우구데이(Ögüdei, 오고타이) 시절 바투(Batu)를 총사령관으로 한 몽골 제국의 원정 군대가 유럽에 근접해 오자 유럽인들은 '타타르의 공포'에 휩싸이게 되었다. 그리하여 교황을 비롯한 성직자들은 몽골인들의 침입에 대한 대책을 마련할 뿐 아니라 더 근본적인 해결책으로서 몽골인들에 대한 개종을 계획했다. 유럽인들이 생각하기에, 몽골인들 역시 이슬람과 적대적인 관계였으므로, 유럽이 몽골과 손을 잡지 못할 이유가 없었던 것이다. 그리하여 1245년 교황의 명령을 받은 프란체스코 수도회의 카르피니가 몽골로 여행을 떠난 것을 필두로 이후 이어질 대장정이 시작되었다.

1245년 교황 인노켄티우스 4세는 타타르의 공포에 대한 대책을 마련하기 위해 리옹 공의회를 소집했다. 이 문제를 논의하기 직전에 리옹을 출발한 카르피니는 이듬해인 1246년 8월 바이칼호 남쪽 카라코룸(Kharakorum) 근방에 도착하여 귀위크(Güyük) 칸의 즉위식에 참석하고 대칸을 접견했다. 카르피니가 몽골을 여행한 목적은 이들을 개종시키려는 것이었지만, 몽골 제국의 실체와 팽창 의도에 대한 정보를 수집하는 것도 목적에 포함되어 있었다. 그가 쓴 여행기의 원제목은 『몽골인의 역사』였지만, 원래 용도는 교황에게 바치는 일종의 보고서였다.

뒤이어 성왕 루이(Saint Louis, 루이 9세)의 이집트 십자군을 수행한 바 있었던 뤼브룩은 선교에 대한 일념으로 1253년 아크레(Acre)에서 흑해와 볼가강 하류를 거쳐서 카르피니와 비슷한 경로를 따라 이듬해 6월 카라코룸에 있는 몽케(Möngke) 칸의 궁정에 당도한 뒤 반년 동안 머물다 돌아왔다. 성왕 루이가 뤼브룩을 파견한 것은 십자군 원정에 나섰다가 일 한국(Ile Khan)의 사절로부터 대칸의 모친이 기독교인이라는 이야기를 들었기 때문이었다. 뤼브룩 자신도 바투의 아들로서 돈강 유역의 수령인 사르타크(Sartaq, Sartach)가 기독교 신자라는 소문을 믿었다. 그리하여 성왕 루이의 친서를 가지고 대칸을 만나기 위한 여행에 나섰다. 그러나 사르타크는 기독교인이 아니었고, 오히려 역참망을 이용하여 뤼브룩을 카라코룸의 대칸에게 보냈다. 뤼브룩은 어디에서도 기독교인을 발견할 수 없었고 선교조차 제대로 하지 못한 채 돌아올 수밖에 없었다.[2]

카르피니와 뤼브룩은 한편으로 몽골인들의 종교와 이들에 대한 기독교 선교 가능성에 관심을 가진 수도사였지만, 다른 한편으로는 몽골 제국의 정보를 수집하고 외교관계를 수립하려 한 외교사절이자 정보원이었다고 할 수 있다. 따라서 이들의 기록은 교황과 프랑스 국왕에게 보고된 일종의 정탐 문서였던 것이다.

이에 비해 상인이었던 마르코 폴로의 『동방견문록(Divisament dou monde)』[3]은 서아시아에서 중국으로 가는 길에서 보고 들은 것을 담담하게 적은 일종의 '지지(地誌)'라고 할 수 있다. 마르코 폴로의 여행에 대해서는 잘 알려져 있으므로 간략하게만 살펴보면 다음과 같다. 마르코 폴로는 1271년 지중해에서 출발하여 1274년 쿠빌라이의 여름

---

2 뤼브룩이 성왕 루이에게 보고한 『여행기(Itinerarium fratris Willielmi de Rubruquis de ordine fratrum Minorum, Galli, Anno gratia 1253 ad partes Orientales)』는 약 3세기 반 동안 묻혀 있다가 영국의 지리학자 리처드 해클루트(Richard Hakluyt)의 『영국 민족의 주요 항해, 여행과 발견들(The Principal Navigations, Voiages, Traffiques and Discoveries of the English Nation)』(1598-1600)을 통해서 겨우 빛을 보게 되었고, 현존하는 필사본도 5종에 불과하다. 성백용, 「'몽골의 평화' 시대의 여행기들을 통해서 본 『맨드빌 여행기』의 새로움」, 『서양중세사연구』 제28집, 2011, 199쪽.

3 '동방견문록'은 후대인들이 붙인 이름으로, 이 책의 원제목은 '세계에 대한 기술(Divisament dou monde)'이며 유럽과 미국 등에서는 『마르코 폴로의 여행기(The Travels of Marco Polo)』로 출간되었다.

수도인 상도(上都)에 도착했다. 그 후 17년 동안 머무르며 쿠빌라이의 신하로 양주(揚州)라는 도시를 통치했다고 한다. 그 이후 1290년대 초반 중국을 떠나 1295년에 이탈리아 베네치아로 돌아왔을 것으로 추정된다.

『동방견문록』은 1298년 제노아의 감옥에서 마르코 폴로가 구술한 것을 루스티켈로(Rustichello)라는 사람이 기록한 책으로 알려져 있으나, 이 기록의 진위 여부에 대해서는 논란이 있다.[4] 가령 그가 어떻게 십수 년 전 일을 감옥에서 구술할 수 있었는지에 대한 의문이다. 그러나 그의 기록이 가지고 있는 정확성, 특히 가보지 않으면 이야기할 수 없는 내용이 많은 것으로 보아, 그가 메모를 해 두었거나 비상한 기억력을 가진 것으로 추정하고 있다. 마르코 폴로의 기록이 갖고 있는 의의는 무엇보다도 그가 설명하는 지리적 범위에 있다. 북으로는 극지대에서 남으로는 자바와 수마트라에 이르고, 동으로는 유라시아 대륙의 끝에 이르러 그야말로 '그 당시의 세계'를 모두 포괄하고 있는 셈이었다.

그러나 유럽과 중국의 교류는 그리 녹록한 것이 아니었다. 중동의 아크레가 1291년 이슬람 세력에게 넘어갔고,[5] 중앙아시아 일대의 여러 국가들이 이슬람에 의해 정복당하기 시작했다. 이리하여 중앙아시아의 초원을 가로지르는 길보다는 페르시아만에서 인도 서해안

---

4 마르코 폴로의 여행기인 『동방견문록』의 진실성에 대한 논의는 김호동 역주의 『동방견문록』, 37-46쪽 참조.

5 이는 십자군의 종말을 의미한다. 제1차 십자군 이래 기독교 세력은 이스라엘 근처에 영토를 보유하고 있었으나, 1291년 마지막 보루였던 아크레를 잃음으로써 중동 지역에서 영토를 완전히 상실하게 되었다.

을 거쳐 남중국으로 가는 해로를 선호하게 되었다. 물론 14세기 초반에 육로의 안전이 잠시 회복되기도 했으나, 14세기 중반으로 갈수록 아시아로의 육로 통행은 점차 어려워졌다.

교황 니콜라우스 4세는 1289년 몬테코르비노를 중국으로 파견했다. 몬테코르비노는 페르시아와 인도를 거쳐 1294년 캄발룩(Cambaluc, 大都)에 도착했으며, 그곳에서 대칸의 허가를 받아 선교를 시작했다. 그는 1299년 캄발룩에 처음으로 교회를 세운 이래, 1305년에는 두 번째 교회를 세웠고, 1307년에는 클레멘트 5세에 의해 북경의 대주교가 되었다. 그러나 몬테코르비노의 기록으로는 편지 두 통만이 남아 있을 뿐이다.

좀 더 자세하고 영향력 있는 것은 오도리코 다 포르데노네의 기록이다. 그는 1318년 교황에 의해 아시아로 파견되었는데, 육로를 통해서 페르시아만까지 간 뒤 거기서부터 인도까지는 해로를 이용했다. 인도에서는 말라바르(Malabar) 연안에 있는 성 도마 교회를 방문한 뒤, 수마트라와 자바를 거쳐 드디어 캉통(Canton, 廣東)에 도착했으며, 거기서 다시 북경으로 가서 몬테코르비노를 만났다. 오랜 여행 끝에 1330년경 귀환한 그는 선교사 50명을 지원해 달라고 요청하기 위해 교황청으로 가던 중 몸져누워서 자신의 여행 경험을 구술한 뒤 사망했다. 후일 성인으로 시성될 정도로 신앙심이 깊었던 그의 여행기는 종교적인 사건에 대해 자세히 기술할 뿐 아니라 낯선 세계의 희한한 풍습에 관한 이야기도 빠뜨리지 않고 있다. 그래서인지 그의 책 또한 비교적 널리 읽혔다.

중세 시대의 마지막 선교사는 마리뇰리였다. 1338년 교황 베네딕투스 12세의 명으로 아비뇽을 떠난 마리뇰리는 1342년 북경에 도착하여 그곳에서 3년간 머물다가 1347년 말 중국을 떠나 인도의 퀼론을 거쳐 1353년 나폴리에 도착했다. 그러나 1368년 몽골 제국의 지배가 무너지고 한족의 나라인 명(明)이 들어서면서 기독교 교회는 발붙일 여지가 없어졌다. 더욱이 명나라 초기에는 이민족에 대해 쇄국정책을 폈기 때문에 문명 간의 교류도 끊어지게 되었다.

13세기부터 14세기 중반까지 이루어진 유럽의 선교 활동은 중요한 결과를 가져왔다. 무엇보다도 유럽인의 세계관이 변화되는 계기를 마련했다. 그때까지 유럽인들의 머릿속에서 이슬람 너머에는 끝없이 펼쳐진 '동쪽 세상(orient)'이 있을 뿐이었다.[6] 그런데 13세기 수도사들과 마르코 폴로의 여행기는 바로 '저 너머(au-delà)의 세상'이 '저 세상(l'au-delà)'이 아니라 '다른(autre) 세상'임을 보여 주었다. 이슬람 세계 너머의 땅에는 다른 사람들이 살고 있으며 그 땅은 (오늘날의 표현으로 하면) 인도, 중국 등으로 나뉘어 있음을 알게 된 것이다. 그리고 동쪽 세계는 끝이 없는 것이 아니라 일본과 자바, 수마트라, 그리고 인도에 이르러 바다에 접해 있음을 알게 되었다. 그리하여 유럽인들은 이 새로운 '다른 세상'을 자신들의 세계관 속에 편입시키게 된 것이다.

---

6 미셸 몰라(Michel Mollat)는 선교사들에게 동방 진출이 "기독교의 **출입문 너머로(au-delà des portes** de la Chrétieneté – 강조 옮긴이) 하느님의 왕국을 확장하는 것"이라고 했다. Michel Mollat, *Grands voyages et connaissance du monde du milieu du XIIIe siècle à la fin du XVe*, 1ère partie, Paris: Centre de documentation universitaire, 1966, p. 12.

지도 속에 나타난 변화

중세 시대에 중국을 비롯한 아시아와의 교류가 유럽인들의 세계관에 어떤 영향을 미쳤는지를 파악하는 것은 쉽지 않다. 외부 세계에 대한 인식, 즉 세계관은 쉽게 바뀌지 않으며, 바뀐다고 하더라도 변화는 아주 서서히 일어나므로 그 과정을 추적하기란 결코 쉬운 일이 아니다.

중세 유럽의 지도는 O자 모양으로 된 세계의 경계선 안에 지중해를 비롯한 세 개의 강 또는 바다가 T자 형태를 이루고 있는 T-O 지도였다. 이와 같은 세계관은 고대로부터 내려온 것으로서, 중세 초에는 지도의 중심부에 예루살렘을 위치시키고 서쪽이나 남쪽이 위를 향했으나, 시간이 흐름에 따라 동쪽을 위로 고정시키게 되었다. 동쪽에는 아시아가 있고, 지도에 표기된 지명은 대부분 성경과 관련된 것들이었다. 동쪽에 에덴동산이나 예수의 얼굴이 그려져 있는 경우도 있고, 원에 가까운 지역인 세계의 변방에는 존재 여부조차 불투명한 땅들, 특히 섬들의 지명이 표기되어 있으며, 그 너머에는 괴물들이 그려져 있다. 이런 지도들은 대개 책의 삽화로 쓸 목적으로 제작되었으므로, 실제 측량을 기초로 했다기보다는 책을 만드는 사람의 세계관을 투영한다고 봐야 할 것이다.[7]

이와 같은 지도에서 우리가 관심을 갖는 부분은 변경 지역이다. 아시아 방향으로 눈을 돌려 보면 인도가 가장 끝에 있고, 그 변경에 인간이 낙원으로 들어가는 것을 감시하는 문지기와 같은 역할을 하는 곡(gog)족과 마곡(magog)족이 살고 있다. 인도를 지나고 곡과 마곡

---

7 헤리퍼드 지도(Hereford mappa mundi)와 엡스토르프 지도(Ebstorf mappa mundi) 참고.

의 땅을 지나야 낙원에 이르게 되므로, 중세 유럽인들은 낙원이 동쪽 끝에 있다고 생각했다.

변경 지역인 인도에는 괴물들, 즉 개 머리를 한 인간(cynocephalus)이라든가 외발 인간(monopodes)이 살고 있으며, 괴물들뿐만 아니라 청춘의 샘물도 있다고 믿었다. 이곳의 샘물을 여러 차례 마신 덕분에 사제왕 요한은 500년 넘게 살고 있다는 것이다.

그러나 인도라는 지명이 오늘날 인도를 지칭하지 않는다는 데에 주의해야 한다. 중세 유럽인들은 인도를 '가까운 인도(Nearer India)', '먼 인도(Further India, Great India)', 그리고 '중앙 인도(Middle India)'로 나누었다. '가까운 인도'란 대체로 북부 인도를, '먼 인도'란 남부 인도를 가리키며, '중앙 인도'는 에티오피아를 가리키는 말이었다. '중앙'이라는 단어가 경유지를 나타내기도 하므로, 그 당시에 에티오피아를 경유하여 인도로 갔음을 알 수 있다.

부정확한 지명의 사례는 또 있다. 에티오피아란 '흑인들의 땅'을 지칭하는 일반명사이므로 사하라 이남의 아프리카 전체를 가리키는 말이었다. 게다가 사하라 이남의 아프리카를 지칭하는 말로는 에티오피아 외에도 수단, 기니 등이 있었다. 따라서 오늘날의 지명이 중세 지도에 등장한다고 해서 오늘날의 해당 지역을 가리키는 것이 아니라는 데에 유념해야 한다. 중세 유럽인들에게 세계의 끝은 인도였으며, 유럽인들은 그곳에 온갖 상상의 결과물들을 위치시켰다. 결국 이런 지도는 지리에 대한 정확한 정보보다는 세계에 대한 인식을 담는 도구였던 것이다.

물론 중세의 지도 제작에 아무런 변화가 없었던 것은 아니다. 1300년경에 그려진 것으로 추정되는 헤리퍼드 지도(Hereford mappa

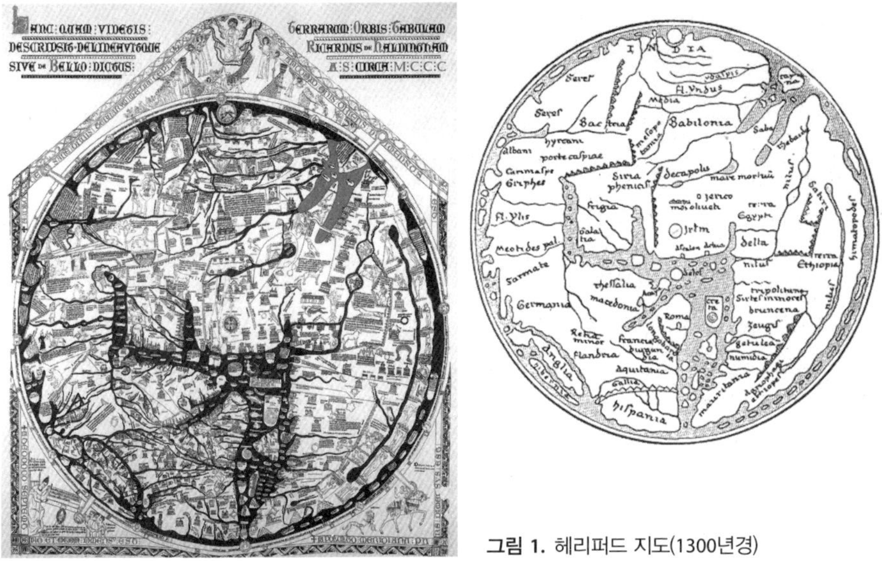

그림 1. 헤리퍼드 지도(1300년경)

mundi)나 엡스토르프 지도(Ebstorf mappa mundi)는 기본적으로 T-O 지도였으나, 이전 시기의 지도보다 훨씬 복잡한 모습을 보여 준다.[8] 그 이유는 그동안 여러 가지 지리적 정보들이 지도에 점차 추가되었기 때문이다.

헤리퍼드 지도를 좀 더 자세히 살펴보자(그림 1 참조). 헤리퍼드 지도는 한 장의 양피지에 그려져 있으며, 그 형태는 오각형이다. 추정에 따르면 지도 양쪽에 나무로 된 패널이 있었고, 이것이 겉표지와 같은 역할을 했을 것이라고 한다. 또한 양쪽 패널에는 가브리엘 천사와 성

8 엡스토르프 지도는 소실되었으나 헤리퍼드 지도는 남아 있다.

모 마리아가 각각 그려져 있고, 오각형의 맨 위에는 최후의 심판을 나타내는 그림이 그려져 있다. 헤리퍼드 지도는 오각형이기는 하지만 세계를 나타내는 부분은 원형으로 되어 있었다(그림 1의 오른쪽 지도 참조). 육지 부분은 정확히 T자 형태로 되어 있는 것은 아니지만, 바깥쪽으로 바다가 둘러싸고 있는 부분은 O자 형태이므로 이전 시대의 T-O 지도를 따르고 있다고 할 수 있다.[9]

헤리퍼드 지도 윗부분에 최후의 심판 그림이 그려져 있으며 맨 윗부분에 낙원이 있고 예루살렘을 지도의 중심으로 삼은 것은 기독교의 영향이라고 할 수 있다. 그러나 지도의 변경에 그려져 있는 여러 괴수들과 기괴한 인간 종족들은 고대 로마로부터 이어져 내려온 것이다. 그 기원은 로마의 학자인 플리니우스(Plinius)의 『자연사(Naturalis Historia)』에서 찾을 수 있는데, 이것이 3세기 수사학자 솔리누스(Solinus), 그리고 7세기의 이시도루스(Isidorus Hispalensis, Isidore of Seville)의 『어원(Etymologiae)』으로 이어졌다. 특히 세계에 대한 중세인들의 자연과학적 서술은 주로 이시도루스에 근거하고 있다. 가령 이시도루스는 그의 책 『어원』에서 "지구라는 단어는 원의 둥근 모습에서 나왔다. 그것은 바퀴와 같은 모습이며 작은 원반과도 같다. 그것은 아시아, 유럽, 아프리카의 세 부분으로 나뉘어 있다. 아시아는 세계의 절반을 차지하고 있으며, 유럽과 아프리카가 나머지 절반을 차지하고 있다."[10]라고 설명한다. 이런 인식에 기반하고 있었으므로 헤리퍼

9 Naomi R. Kline, *Maps of Medieval Thought: The Hereford Paradigm*, Woodbridge: Boydell Press, 2001, pp. 2-4.

10 Isidore of Seville, *The Etymologies of Isidore of Seville*, edited and translated by Stephen A.

드 지도는 복잡한 모습으로 되어 있다 하더라도 기본적으로 T-O 지도의 형태를 따른다.[11]

그런데 지도 제작에서 변화를 보여 주는 사례가 14세기 전반에 나타났다. 지도 제작자인 피에트로 베스콘테(Pietro Vesconte)는 1321년 마리노 사누도(Marino Sanudo)에게서 의뢰를 받아 세계지도와 지역별 지도를 제작했다(그림 2의 아래 지도 참조). 이 세계지도는 기존 지도와 마찬가지로 동쪽이 위쪽에 위치하지만, 동쪽 끝에 심판자 예수의 모습이나 에덴동산이 그려져 있지 않다. 또한 측면에 천사들도 없고 종교적인 지명도 거의 등장하지 않는다. 이 지도가 실린 책[12]을 사누도가 교황에게 바쳤음을 감안하면 혁신적인 변화라고 할 수 있다.

지도 제작에서 나타난 이런 변화는 십자군이 사용할 수 있는 현실적인 지도가 필요했기 때문인 것으로 추정된다. 즉 사누도는 성지 탈환에 힘을 기울였는데, 십자군 실패 원인이 지도의 비실용성에 있다고 보고, 현실적인 자료를 바탕으로 제작한 지도가 있다면 성지를 탈환할 수 있다고 믿었던 것이다. 비록 종교적 색채가 일부 사라졌다고 하더라도 전통적인 세계관이 갑자기 변한 것은 아니었다. 사누도의 세계지도에는 여전히 변방 종족들의 위치가 표시되어 있고, 무엇보다 예루살렘을 중심으로 육지가 펼쳐져 있으며, 이 육지를 외해(外海)가 둘러싸고 있었다. 한마디로 T-O 지도의 모습을 유지하고 있었

Barney et al., New York: Cambridge University Press, 2006, p. 285.

11 헤리퍼드 지도에 대한 상세한 설명은 P. D. A. Harvey, *Mappa mundi: The Hereford World Map*, Toronto: University of Toronto Press, 1996 참고.

12 그 책의 제목은 『십자군 전사들의 신비에 관한 책(*Liber secretorum fidelium crucis*)』이다.

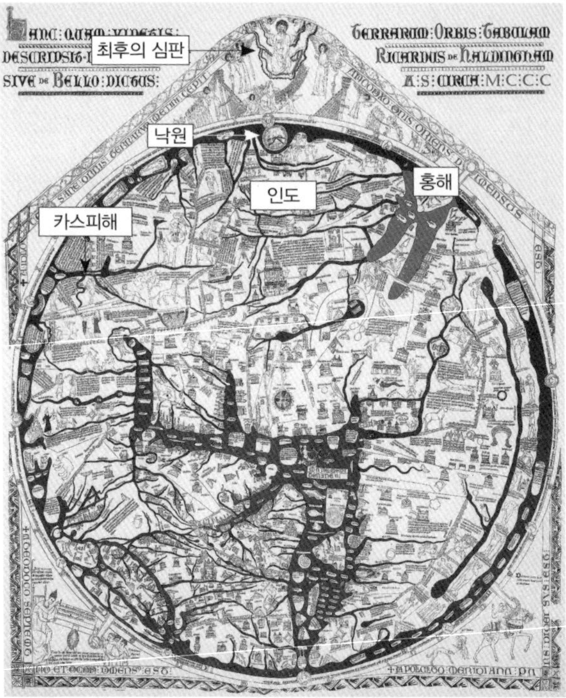

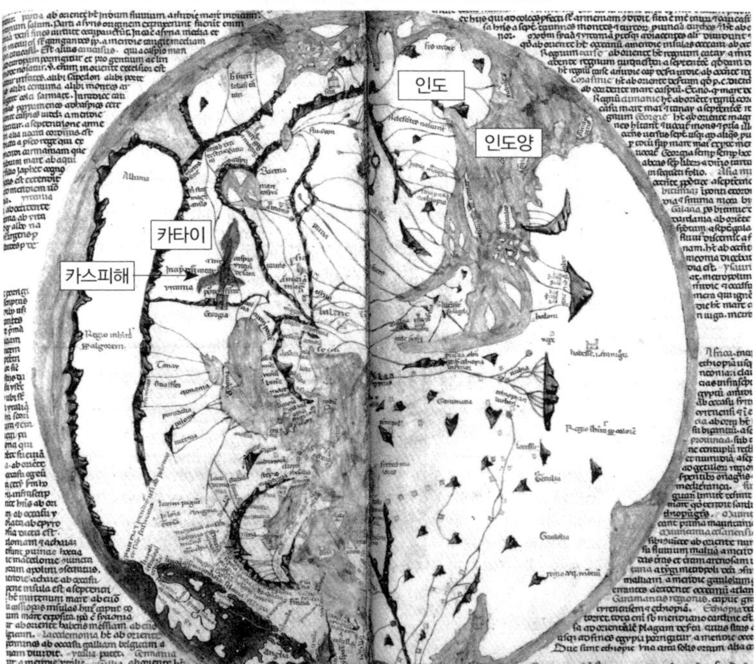

그림 2.
1300년경의
헤리퍼드 지도(위)와
1321년 베스콘테가
제작한 지도(아래)

다는 것이다.

이 지도에는 마르코 폴로를 비롯한 여러 여행가들의 여행기에 나타난 정보가 반영되어 있다. 그 예로는 우선 아프리카와 아시아 사이에 커다란 바다(인도양)가 있고, 카스피해가 대륙으로 둘러싸여 있는 점 등을 들 수 있다. 그 이전의 지도에서는 아프리카와 아시아가 나일강으로 나뉘어 있는 경우가 많았고, 카스피해는 북쪽 바다의 만(灣)으로 표시되어 있었다. 또한 인도가 가장 끝에 있는 땅이었으나, 이제 그 옆으로 중국을 뜻하는 카타이(Cathay)가 자리 잡게 되었다.

요컨대 13-14세기에 걸친 아시아 여행기의 내용이 14세기 말부터 대다수의 세계지도에 반영되었다고 할 수 있다. 여행기가 전해주는 실제적인 정보들은 T-O 지도에서 볼 수 있는 종교적인 세계관을 조금씩 변화시켰다. 그리하여 심판자 예수의 형상이나 에덴동산 등이 지도의 윗부분에서 사라졌으며, 원형 지도의 주변을 장식하고 있던 괴물이나 천사도 사라지기 시작했다. 15세기에 이르러 지극히 현실적인 목적으로 제작된 포르톨라노 해도(Portolano chart)가 등장함으로써 지도에서 종교적인 색채는 점차 사라지게 되었다.

단절의 시대

1368년 몽골의 평화 시대가 끝나면서 유럽과 아시아의 교류는 중단되기에 이르렀다.[13] 이처럼 새로운 정보가 유입되지 않는 상태에서 유럽인들은 아시아에 대해서 어떻게 생각했을까? 단절된 시대인 14세기 중반부터 16세기 초반까지 유럽인들이 중국에 대해 가지고 있었던 이미지를 살펴보자.

14세기 중반에 출간되어 16세기까지 널리 읽힌 『맨더빌 여행기』의 인기는 대단해서 현재 남아 있는 필사본은 마르코 폴로의 『동방견문록』보다 두 배나 많은 250여 종에 이른다. 인쇄술이 등장한 이후에도 각광을 받아 1478년 아우크스부르크에서 100여 개의 판화를 곁들여 독일어판으로 출판되었고, 16세기에는 180종이 넘는 인쇄본이 각국에서 출판되었다.[14] 물론 이 여행기는 직접 여행한 내용을 책으로 엮은 것이 아니라, 마르코 폴로나 오도리코의 여행기를 바탕으로 저자가 자신의 상상력을 동원하여 쓴 소설이었다. 그런데 오히려 그런 점 때문에 당시 독자들의 욕구와 취향을 알 수 있는 좋은 사료가 될 수 있다. 즉 저자의 입장에서는 독자들이 듣기 원하는 이야기를 해줌으로써 대중들의 호기심을 끌려고 했을 것이므로, 맨더빌이 들려주는 이야기는 상당 부분 대중들이 원하는 이야기이기도 했을 것이

---

13 물론 이 시기에 유럽과 아시아 사이에 교류가 전혀 없었다고 할 수는 없다. 그러나 기록으로 남아 있는 것은 거의 없다. 이 시기의 자료로는 1440년경 포조 브라치올리니(Poggio Bracciolini)가 쓴 니콜로 콘티(Nicolo Conti)의 여행 이야기가 있으나, 중국에 갔다 왔다는 것을 명확히 밝히고 있지는 않다. 임병철, 「한 르네상스 지식인의 눈에 비친 동양과 동양인: 타자의 이미지를 통해 자아 만들기」, 『대구사학』 제82집, 2006, 301-311쪽; 헨리 율·앙리 코르디에, 276-278쪽.

14 성백용, 「맨드빌의 『여행기』와 동양」, 『동국사학』 제49집, 2010, 105-138쪽 참고.

다. 더욱이 아시아를 여행할 수 없는 상황에서 사람들은 그때까지의 정보를 기반으로 하여 아시아에 대한 고정관념을 재생산했을 것이다.

가령 사제 요한 왕국에 대한 이야기는 어느 텍스트에나 나와 있는데, 그 이유가 무엇이겠는가? 사제왕 요한은 가상의 인물임에도 모든 여행기에 빠짐 없이 등장했으며, 점차 실존 인물이 되어 갔다. 더욱이 그의 왕국은 인도에 위치한 것으로 알려져 있었으므로, 처음에는 페르시아 너머 인도나 중앙아시아쯤에 있는 것으로 여겨졌다. 그리하여 맨더빌 역시 인도를 통치하는 사제왕 요한에 관해 언급하고 있다. 그러나 그곳에 없음이 확실해지자 '인도'를 넓게 해석하여 아프리카의 에티오피아 있다고 생각하게 되었다. 포르투갈인들이 아프리카를 돌아가는 항로를 개척했던 데에는 에티오피아에 있는 사제 요한 왕국을 찾아내기 위한 목적도 포함되어 있었다. 이렇듯 사제 요한 왕국은 시대의 요구를 반영하여 변천을 거듭했다.

한마디로 사람들은 자신들이 믿는 것을 좀처럼 바꾸려 하지 않으며, 작가들 역시 이런 독자들의 요구에 부응하여 글을 쓰는 경향이 있다. 더욱이 여행기는 확실하지 않거나 보지 않은 것에 대해서는 기존 관념을 되풀이하는 경우가 많다. 여행기를 쓴 작가가 그것을 보지 못했다고 하거나 생략하고 넘어간다면 그곳에 다녀왔다는 사실 자체를 독자들이 의심할 것이기 때문에, 작가들은 독자들의 요구와 구미에 맞출 수밖에 없었을 것이다.

따라서 14세기 중반부터 16세기 중반까지[15] 유럽인들은 자신들

15 기록상으로만 본다면 유럽인들이 아시아로 여행을 재개한 것은 1541년이다. 그 전해부터 아시아를 대상으로 포교를 준비하고 있던 예수회 신부 프란치스코 사비에

이 아시아에 대해 가지고 있었던 이미지를 재생산했고 그와 같은 관념을 가장 잘 나타내는 것이 '선량한 야만인'이라는 용어다. 페르시아 너머 인도와 중국에는 괴기스런 사람이나 동물 등이 사는 곳이 있는가 하면, 엄청난 부를 자랑하는 중국 황제나 지상 최고의 군주인 사제왕 요한도 있으며, 남중국(Manzi)이나 카타이는 풍요의 땅으로 묘사되고 있다.[16] 맨더빌은 카타이 사람들은 서로 싸우거나 반목하는 일이 없으며, 카타이에는 도둑도 강도도 없고, 모든 이가 다른 이를 존중한다고 찬양했다.

14세기 중반에 맨더빌의 여행기가 인기를 얻었던 것에서 지도 제작자들과 중세인들의 세계관 차이를 볼 수 있다. 맨더빌은 자신이 낙원의 하늘에서 떨어지는 물소리를 들을 수 있을 정도로 낙원에 가까이 갔다고 주장하는가 하면, 인도 너머의 섬에 기괴한 인간들과 괴물들이 산다고 이야기하기도 하고, 중국에 대해서도 그럴듯하게 꾸며서 이야기하고 있다. 이런 허구의 이야기가 마르코 폴로의 현실적인 정보만큼 널리 읽혔다는 점을 고려하면, 중세인들이 여전히 여행

르(Francisco de Xavier, 사베리오)는 1541년 인도로 포교를 나섰고, 그곳에서 수많은 개종자를 얻었다. 1549년에서 1551년 사이에는 일본까지 왕래하였다. 그 후 그는 중국에 들어갈 계획을 세우고 안토니우스(Antonius)라는 중국인 청년과 함께 복음을 전하려고 출발했으나 광동항(廣東港)이 바라보이는 상천도(上川島)에서 운명하고 말았다. 결국 그는 목적지를 눈앞에 두고도 대륙으로 들어가지 못했다.

16 앙리 코르디에에 따르면 남중국인들은 카타이의 북중국인들을 북적(北狄)이라고 불렀으며, 그 보복으로 카타이인들은 남방인들을 만자(蠻子), 즉 야만인이라고 불렀다. 여기에서 중세 여행가들이 말한 '만지(Manzi)'란 말이 나왔다고 한다. 즉 남중국과 북중국을 달리 불렀고 다른 나라로 착각하고 있었다. 1603년에 이르러서야 벤투 데 고에스(Bento de Goës)가 카타이와 차이나가 같음을 입증했다. 헨리 율·앙리 코르디에, 237-238쪽과 287-288쪽 참고.

기를 통해 자신들의 기존 관념을 강화하고 있었음을 알 수 있다. 즉 현실에 기초한 정보가 자신들의 기존 관념과 다를 때, 그것을 받아들이기란 매우 힘들었음을 보여 준다.

요컨대 중세 유럽인들은 새로운 세계에 대한 정보를 알게 되었을 때, 자신들이 가지고 있던 세계관을 유지하면서 새로운 정보를 적절하게 편입시킴으로써, 기존 관념을 좀처럼 변형시키지는 않았던 것이다. 무엇보다도 그들의 세계관은 궁극적으로는 기독교적 세계관을 벗어나지 않았다.

수도사들인 뤼브룩이나 오도리코는 말할 것도 없이, 맨더빌조차도 기독교 이외의 종교에 적대감을 나타내고 있었다. 맨더빌은 이교에 대해 좀 더 관용적인 태도를 보였지만, 궁극적으로는 그런 선량한 이교조차도 하나님의 뜻이 세상 어느 곳에서나 보편적으로 이루어지고 있음을 보여 주는 것으로 보았다. 한마디로 13-14세기의 여행기들은 기독교 세계관을 바탕으로 새로운 세계에 대한 기존 이미지를 확인시켜 주는 역할을 했던 것이다.

맨더빌의 여행기가 널리 보급되었다는 것만 보아도 당시 사람들이 요구하는 바가 무엇이었는지를 알 수 있다. 즉 사람들은 여행기를 통해 자신들이 가지고 있던 상식이 옳다는 것을 확인하고, 새로운 것이 있으면 기독교적 세계관 속에 그것을 편입시켰던 것이다. 운 좋게도 맨더빌의 여행기가 대중들에게 어떻게 읽혔는지를 알려주는 사례가 있는데, 이 사례를 통해 중세 말 유럽인들이 중국에 대해 알고 있었던 바를 짐작해 볼 수 있다.

카를로 진즈부르그(Carlo Ginzburg)의 『치즈와 구더기』를 통해 널리 알려진 메노키오(Menocchio)가 바로 그 사례인데, 그가 읽은 책의 목록을 주의 깊게 살펴볼 필요가 있다. 두 번에 걸쳐 종교재판을 받는 과정에서 그가 읽었다고 밝힌 책의 목록에는 성경, 코란, 『데카메론』과 함께 『맨더빌 여행기』가 포함되어 있다. 메노키오는 이 책을 마을 사제인 비오니마(Bionima)에게서 빌렸다고 한다. 그러나 비오니마는 '글을 조금 읽을 줄 아는' 빈첸초 롬바르도(Vincenzo Lombardo)라는 사람이 그 책을 가져갔으며, 메노키오에게 책을 빌려준 것은 자신이 아니라 롬바르도라고 주장했다.[17] 이로써 『맨더빌 여행기』가 엘리트층뿐 아니라 민중들 사이에도 광범위하게 퍼져 있었음을 짐작할 수 있다.

메노키오는 『맨더빌 여행기』를 통해서 많은 것을 알게 되었으며, 그 책이 자신에게 고통과 번뇌를 가져다주었다고 했다. 메노키오가 맨더빌의 여행기에서 영향을 받았다는 사실은 다음 사례를 통해 알 수 있다. 메노키오는 사제에게 고해하는 것이 불필요하다고 주장하면서, 그 근거를 책에 나온 야곱파의 주장에서 찾고 있다. 메노키오는 "사람들이 참회하는 방법을 몰라서 사제를 찾는다면 사제는 그 방법을 가르쳐 주면 그만이지, 고해를 받을 필요까지는 없다."라고 주장했다. 메노키오의 이런 생각은 맨더빌로부터 자극을 받은 것이었다. "하느님도, 어떤 선지자도 하느님 이외의 다른 한 사람에게 고백하도록 명하신 바도 없고 정하신 바도 없다는 것이 그들(야곱파)

---

17 메노키오는 다른 책을 다른 사람에게서 빌리기도 하고, 또 자신도 다른 사람에게 빌려주기도 했다고 증언했다. 이처럼 서적이 지위와 계층을 불문하고 사람들 사이에 공유되었던 것으로 보아 16세기에는 상당한 정도로 읽기와 쓰기가 보급되어 있었음을 짐작할 수 있다. 카를로 진즈부르그, 『치즈와 구더기』, 김정하·유제분 옮김, 문학과지성사, 2001, 134-137쪽.

의 말이며 또한 모세가 성경에 기록한 바이다."라고 말함으로써 맨더빌 역시 사제가 고해를 받을 수 없다는 듯이 주장한 바 있다. 또한 "시리아인(시리아 정교회 신자)으로 불리는 다른 기독교인들이 있는데, 이들이 믿는 신조는 우리들의 신앙과 그리스인들의 신앙(그리스 정교회)의 중간쯤 된다. 또한 이들은 야곱파 신자들이 하는 것과 같은 방식으로 고백을 한다."라고도 했다. 그뿐만 아니라 맨더빌은 코란에 "모든 선지자들 가운데 예수가 가장 뛰어나며 하느님 다음으로 훌륭하다. [...] 예수는 결코 십자가에 달린 것이 아니라 하느님이 당신에게로 끌어올려 죽음도 고통도 받지 않게 하셨다. [...] 하느님은 결백한 예수 그리스도가 아무 죄 없이 십자가에 달리는 것을 용인하셨으므로 당신의 정의를 스스로 거스른 것"이라고 되어 있다고 말했다.[18]

한편 원시 부족에 대한 맨더빌의 이야기는 메노키오에게 자신의 신앙을 되돌아볼 기회를 제공했다. 즉 이 세상에는 수많은 사람들이 나름의 방식으로 생활하고 있다는 것이다. 심지어 메노키오는 "저는 육신이 죽으면 영혼도 함께 죽는다는 생각을 하게 되었습니다. 국가의 수가 많고 다양하다 보니 사람들의 신념도 다르기 때문입니다."라고 증언하게 되었다.[19]

이렇듯 시골 방앗간 주인 메노키오는 자유로운 독서를 통해서 자신이 기왕에 가지고 있었던 신념이나 관념을 확신하고, 새로운 정보를 나름대로 결합하여 종교적 급진주의를 만들어 냈던 것이다. 외부

18 『맨더빌 여행기』 15장, 164-165쪽. 일러두기에서 밝힌 것처럼 『맨더빌 여행기』의 본문 인용은 성백용의 미출간 번역본을 참고하였다.

19 카를로 진즈부르그, 166-171쪽.

세계에 대한 맨더빌의 이야기는 메노키오에게 충격으로 다가왔으며, 이런 새로운 정보는 그의 세계관을 변화시켰을 것이다. 그런데 메노키오의 증언을 보면, 그에게 중요했던 것은 야곱파나 시리아 교회의 구체적인 교리가 아니라 세상에 다양한 신념이 있다는 사실 그 자체였음을 알 수 있다. 또한 메노키오에게 중요했던 것은 인도와 카타이 혹은 만지가 어디에 있으며, 그곳에 어떤 사람들이 사는지 등에 대한 정확한 정보가 아니었다. 그도 그럴 것이 세상에는 다양한 신념을 가진 사람들이 살고 있다는 사실이 중요했던 것이지, 그들이 어디에 사는지는 중요하지 않았기 때문이다. 한마디로 메노키오에게 인도와 카타이는 거의 차이가 없는 '저 너머'의 세상일 뿐이었다.

지금까지 살펴본 것처럼, 아시아와의 교류가 쇠퇴했던 14-15세기에 유럽인들은 아시아에 대한 정보를 자신들이 세계를 설명하기에 편리한 방식으로 받아들였다. 즉 기존 이미지를 확인하는 방향으로 나아갔던 것이다. 14세기 중반의 맨더빌이든, 그보다 200년 후의 메노키오이든, 다른 세계에 대한 새로운 정보 중 일부는 (기독교적 세계관 자체를 부정하지는 않으면서도) 부패한 교회를 비판하는 데에 이용하고, 일부는 기존 세계관 속에 위치시키면서 나름대로 새로운 세계관을 창조하는 데에 이용했던 것이다.

요르다누스의 여행기

요르다누스 카탈라 드 세베락

저자인 요르다누스에 대해서는 알려진 바가 거의 없다. 그의 성에 해당하는 '카탈라(Catala)'는 '카탈루냐 출신'을 의미하므로, 그의 집안이 스페인의 카탈루냐에서 왔음을 알 수 있다. 그런데 그의 책 첫머리에는 요르다누스 드 세베락[20]이라고 되어 있다. '세베락'이라는 지명은 프랑스에 다섯 군데 있는데, 그중 세 군데가 루에르그(Rouergue) 지방에 위치한다. 요르다누스가 본문에서 툴루즈(Toulouse)를 비교 대상으로 삼은 점으로 보아[21] 그가 알고 있는 가장 큰 도시가 툴루즈였을 것으로 생각된다. 따라서 프랑스 남부의 툴루즈 근처 출신이라고 추측할 수 있는데, 여기에 가장 근접한 장소는 아베롱(Aveyron)에 있는 세베락르샤토(Sévérac-le-Château)이다. 세베락르샤토가 바르셀로나 백작의 봉신이었던 점을 고려하면, 요르다누스의 이름에 붙어 있는 '카탈라'라는 성도 설명이 가능해진다. 즉 그의 가문은 원래 카탈루냐 출신이며 바르셀로나 백작의 봉신으로서 세베락르샤토를 영지로 받은 가문일 가능성이 높다.

요르다누스의 행적과 관련된 편린들을 모아 그의 여정을 재구성해 보자. 그는 인도로 떠나기에 앞서 페르시아 타브리즈의 한 수도원에 있었다. 그곳에 체류한 경험이 나중에 여행기를 쓸 때 아르메니아에 대해 길고 자세하게 서술하는 데에 도움을 주었을 것이다. 그리

20 fratrem Jordanum ordinis praedicatorum oriundum de Severaco.

21 본문의 문단 번호 131(이 책의 114쪽) 참조.

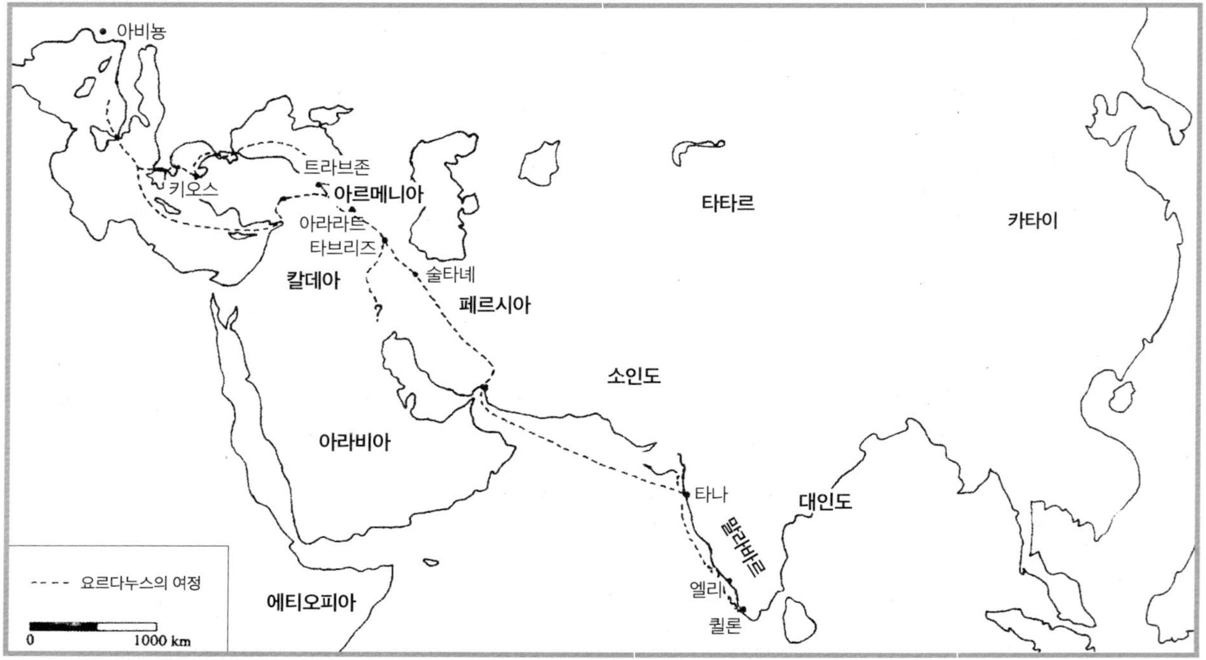

그림 3. 요르다누스의 여행 경로

출전: Christine Gadrat, *Une image de l'Orient au XIVe siècle: Les Mirabilia descripta de Jordan Catala de Sévérac*, Paris: École des chartes, 2005, p. 340.

고 1321년에는 서부 인도에 도착했던 것 같다. 함께 갔던 프란체스코회 수도사 동료들은 1321년 4월 봄베이 근처에서 순교하고,[22] 요르다누스는 10월에 홀로 퀼론에 도착하여 포교를 했다. 그러다가 1327년 가을에서 1328년 봄 사이에 아라비아반도의 호르무즈를 거쳐 당시 교황청이 있던 프랑스의 아비뇽으로 되돌아왔다.[23] 아비뇽에서는 도미니크회 소속 수도원에 거처를 정했는데, 아마도 동료 수도사들이 그의 경험을 궁금해했을 것이므로 여행기를 글로 남기는 것이 좋겠다고 판단했을 것이다.

요르다누스는 교황 요한 22세와도 친분이 깊었던 것으로 보인다. 교황 요한 22세는 프랑스 남부 카오르 출신이었고, 카오르는 세베락르샤토에서 그리 멀지 않았으므로, 교황은 같은 지역 출신으로서 요르다누스를 신뢰했을 것으로 추측된다. 그리하여 1329년 교황 요한 22세는 그를 인도의 퀼론 주교로 임명했다. 그 관할 구역은 오늘날의 인도와 파키스탄, 방글라데시 등에 해당한다. 그가 언제, 어디서 죽었는지는 알려져 있지 않다.[24]

---

22 동행했던 수도사는 톨렌티노의 토마소, 파도바의 자코모, 시에나의 페트로, 그리고 통역사였던 티플리스의 데메트리우스 등이다.

23 1309년부터 1377년까지 교황청은 로마가 아닌 아비뇽에 있었다. 1307년 교황으로 선출된 클레멘스 5세가 프랑스 출신이었으므로 교황청을 프랑스와 가까운 곳으로 옮겼기 때문이다. 이를 '아비뇽 유수'라고 한다.

24 요르다누스가 두 번째 인도 포교 여행을 하던 중에 순교했다는 설도 있다.

전승의 확인과 신기한 것

요르다누스의 여행기는 한편으로 중세 유럽인들의 전형적인 세계관을 반영하면서도, 다른 한편으로는 자신의 개인적인 경험을 바탕으로 한 '신기한 것'에 관한 서술을 담고 있다. 자신이 직접 가보지 않은 지역에 관한 내용은 대체로 전승에 의존하고, 자신이 직접 방문한 지역은 꼼꼼한 관찰에 근거하여 서술하고 있다. 이렇게 서술하다 보면 어려움에 직면하기 마련이다. 기존의 전설에서는 '신기한 것'이 어느 지역에 있다고 전해지는데, 실제 그 지역에 도착한 요르다누스는 그러한 것들을 발견할 수 없었기 때문이다. 이럴 때 요르다누스는 자신이 방문한 곳에 있어야 할 '신기한 것'들이 다른 장소에 있다고 함으로써, 자신의 관찰과 기존의 세계관이 충돌하지 않도록 했다. 결국 요르다누스는 자신이 방문한 인도에 관해서는 비교적 정확한 지식을 제공하고 전설상의 '신기한 것'들은 다른 지역, 예를 들어 제3인도나 인도양의 섬들로 이동시킴으로써 중세 유럽인들의 세계관을 확장시켰던 것이다.

전승의 확인

사실 중세 유럽인들에게 '동방' 혹은 '동쪽'이란 이슬람 거주 지역 너머의 세계를 통칭하는 개념이었다. 그러므로 동방은 인도라는 현실적인 장소가 있는 곳이면서 동시에 '곡'이나 '마곡' 같은 전설 또는 상상의 장소가 위치한 곳이기도 했다. 즉 에덴동산과 같은 낙원이 있는 곳이자 괴물이 살고 있는 곳이기도 했다. 동방에 대한 중세 유럽인들의 인식에 영향을 미친 요인으로는 사제 요한 왕국이나 동방에서 순교한 성인에 대한 이야기와 같이 종교적인 것, 불을 뿜는 용이나 석류석과 같이 고대로부터 내려온 전승, 그리고 사막의 악마와 같이 동방에서 들어온 전설 등을 들 수 있다.

동방에 대한 이와 같은 관심 중에서 가장 중요한 것은 낙원에 대한 관심이었다. 낙원에 대한 관심은 어느 문명권에서나 나타나는 현상이지만, 중세 유럽의 경우 낙원은 기독교와 성경에 근거하고 있었다. 주지하다시피 낙원은 아담과 이브가 사는 에덴의 '동쪽'에 있지 않은가. 더욱이 낙원을 추상적인 공간으로 이해하지 않고 현세와 동일한 평면상에 존재하는 것으로 생각했으므로, 동쪽으로 계속 간다면 낙원에 도달할 수 있다고 믿었다. 이와 같은 믿음은 T-O 지도에서도 확인된다.

그렇지만 요르다누스는 낙원에 대해 직접 언급하고 있지는 않다. 요르다누스에게서 발견되는 기독교 전설로는 노아의 방주와 성인에 대한 이야기를 들 수 있다. 그는 아르메니아를 지날 때 노아의 방주가 있는 산 근처에 갔던 이야기를 하고 있다. 그러나 그는 방주가 여전히 산에 있다고 '들었다'는 입장을 견지하고 있다. 즉 그는 본 것과 들은 것을 구분하여 서술한 것이다. 게다가 낙원이나 방주에 대해 언급하기보다는 그곳에서 순교한 성인들에 대해서 더 길게 이야기하고 있다.

알렉산드로스 대왕의 전설이 영향을 미쳤다는 점도 드러난다. 다른 여행기들과 달리 요르다누스는 알렉산드로스 대왕을 직접 언급하지는 않았지만, 페르시아의 영토가 '철의 문'으로 둘러싸여 있다거나 인도의 뿔 달린 뱀에 대한 언급에서 볼 수 있듯이 알렉산드로스 대왕의 전설을 기지의 사실로 전제하고 있음을 알 수 있다. 그 밖에 다른 여행기에 흔히 등장하는 괴물이나 이상한 종족 등에 관한 언급도 찾아볼 수 있다.

무엇보다도 내용 중 일부가 다른 여행기에서 이미 나왔던 것이라는 점은 이 책이 고대부터 전래되어 오던 지식을 다시 확인하는 입장에 있었음을 말해 준다. 요르다누스의 저술뿐 아니라 중세 여행기는 대체로 다른 사람의 여행기와 일치하는 부분이 많았다. 왜냐하면 이런 여행기들은 전래되어 오는 지식을 확인하는 경향이 있었기 때문이다. 대체로 이들에게 근거를 제공한 것은 플리니우스의 『자연사』, 이시도루스의 『어원』, 그리고 솔리누스의 『여러 가지 지식(Polyhistor)』 등이었다. 이런 백과사전적인 지식을 담고 있는 책이 제공하는 세계에 대한 정보와 이미지를 보지 않았다고 하여 여행기에 포함시키지 않는다면, 그곳에 가보지 않은 사람으로 간주될 우려가 더 컸을 것이다.

이와 같은 이유에서 거의 모든 중세 여행기들은 공통된 내용을 담고 있다. 물론 그중에서 마르코 폴로와 맨더빌의 여행기가 가장 많이 인용되었다. 이는 그 두 책이 많은 내용을 담고 있어서이기도 하겠지만, 가장 널리 읽혔기 때문이기도 할 것이다. 그렇지만 요르다누스는 이와 같은 전승을 장황하게 설명하지 않고 '들었다'고 하거나 목록만 열거함으로써 전설에 전적인 신뢰를 부여하지는 않았다. 오히려 그의 여행기에는 관찰자로서, 포교하러 가는 수도사로서 서술한 부분이 많다.

신기한 것

요르다누스의 작품이 기존의 전승을 포함하고 있지만, 사실 다른 여행기에 비하면 반복이 그리 많은 편은 아니다. 오히려 여행에서 본 신기하고 새로운 것들에 대한 언급이 많다. 그중에서 사제 요한 왕국의 위치를 수정했다는 점이 무엇보다 중요하다. 요르다누스는 인도를 세 부분으로 나누고 그중 '제3인도'에 사제 요한 왕국이 있는데, 이 제3인도는 아프리카에 있으며, 에티오피아와 접경하고 있다고 서술했다.

사제 요한 왕국은 이미 오래전부터 유럽에 널리 퍼져 있던 소문이었는데, 13세기 중반부터 여행기를 통해서 더욱 널리 알려지게 되었다. 생각해 보면 사제 요한 왕국이 이슬람 세계 너머에 있으므로 그들과 손을 잡을 수만 있다면 십자군의 승리가 확실하지 않겠는가. 그런데 문제는 사제 요한 왕국에 갔다 왔다고 주장하는 사람들의 증언을 들어보니 그 왕국의 규모나 영향력이 기대에 못 미쳤다는 점이다. 더욱이 몽골 제국의 붕괴와 중앙아시아의 혼란은 사제 요한 왕국에 대한 인기를 식게 만들었다. 그런데 요르다누스가 사제 요한 왕국이 제3인도 너머에 있다고 함으로써 사람들은 다시금 기대를 갖게 된 것이다.

사실 요르다누스는 자신이 방문한 곳에서 사제 요한 왕국을 보지 못했으므로, 다른 곳에 있다는 이야기를 들었다고 서술함으로써 사제 요한 왕국에 대한 확답을 피하려고 했던 것 같다. 그러나 이 주장을 근거로 포르투갈인들이 사제 요한 왕국을 찾아 나섰고, 이는 신항로 개척으로 이어졌다. 만약 포르투갈이 인도에 도달하고자 했다면, 콜럼버스처럼 서쪽으로 계속 항해하려는 시도를 한 번이라도 했어야

하지 않을까? 그러므로 포르투갈이 굳이 아프리카를 돌아가는 항로를 개척하려 한 것은 대인도가 아니라 제3인도, 즉 아프리카 동부에 도착하려는 목적이 있었다고 봐야 할 것이다.

그 밖에 기독교와 관련된 것으로 로마가톨릭은 아니지만 기독교를 믿는 아르메니아인과 조지아인에 대해 비교적 자세히 언급했다. 물론 아르메니아에 대해 언급한 유일한 여행기는 아니지만, 요르다누스는 이에 대해 상당히 길게 언급했다. 앞서 언급한 바 있듯이, 이것은 요르다누스가 페르시아의 수도원에 잠시 체류했던 경험이 반영된 것으로 보인다.

무엇보다 요르다누스의 저술이 다른 여행기와 내용상 다른 점은 종교 이외에 인도의 음식이나 꽃, 동물, 자연현상, 천문, 종교, 풍속 등 다양한 대상에 대해 비교적 자세히 설명하고 있다는 점이다. 말하자면 일종의 풍속사(風俗史)나 민속지(民俗誌)인 셈이다. 이처럼 요르다누스는 대인도에 대해서도 자신이 본 것을 중심으로 서술하고 있으며, 보지 않은 것들은 자신이 가보지 않은 곳으로 밀어내 버렸다. 한마디로 그는 철저하게 관찰자였고, 그의 목적은 기독교 포교에 있었던 것이다.

필사본과 편집본

요르다누스가 쓴 이 책의 필사본으로는 영국국립도서관에 소장되어 있는 단 1부만이 전해진다.[25] 이 필사본은 원본을 직접 필사한 1차 필사본으로 추정되며, 작성 시기는 1330년대이고 장소는 남부 프랑스로 추정된다. 참고로 해당 사본집에는 자크 드 비트리(Jacques de Vitry)의 『예루살렘의 역사(Historia Hierosolymitana)』, 마리노 사누도(Marino Sanudo)의 『기독교 신앙의 비밀(Liber Secretorum Fidelium Crucis)』, 주교 튀르팽(Turpin, Turpinus)의 『샤를마뉴 업적록(Gestis Caroli Magni)』 등이 같이 묶여 있다. 그런데 다른 필사본들 역시 각각 다른 장소에서 다른 시기에 필사된 것들로서, 이들 필사본이 어떻게 하나의 서책으로 묶이게 되었는지는 불분명하다. 편집 인쇄본은 다음과 같다.

- Charles Coquebert de Montbret (ed.), *Recueil de voyages et de mémoires*, Paris: Arthus-Bertrand, 1839, t. IV, pp. 1-68.
- Christine Gadrat, *Une image de l'Orient au XIVe siècle: Les Mirabilia descripta de Jordan Catala de Sévérac,* Paris: École des chartes, 2005, pp. 239-295.
- Henri Cordier (ed.), *Mirabilia descripta: Les Merveilles de l'Asie*, Paris: Paul Geuthner, 1925.(라틴어 편집본, 프랑스어 번역본)
- Henry Yule (ed.), *Mirabilia Descripta: The Wonders of the East by Friar Jordanus*, London: Hakluyt Society, 1863.(영역본)

25 British Library, Additional 19513, fol. 3-12.

요르다누스의 여행기가 가지는 의의

이 책은 교황 요한 22세에게 헌정된 것임에도 선교 활동에 대한 내용이 많지 않고 그 내용도 부정확하다. 오히려 이 책은 동물학과 민속학에 대한 책이라고 할 수 있다. 또한 요르다누스가 이 모든 지역을 방문한 것은 아니기 때문에 이 책은 여행기인 동시에 신기한 것들에 대한 환상을 모아 놓은 것이기도 하다. 일반적인 여행기가 자신이 여행한 경로를 따라 이야기를 전개하는 데에 비해, 이 글은 각 지역을 구분하고 설명하는 식으로 이루어져 있다.

요르다누스는 그리스, 아르메니아, 페르시아 왕국, 소인도(Minori Yndia), 대인도(Majori Yndia), 제3인도(Tercia Yndia), 대아라비아(Majori Arabia), 대타타르(Magno Tartaro), 칼데아(Chaldaea), 아란(Aran, 알바니아 코카서스), 모간(Mogan, 남코카서스), 카스피산맥(Mons Caspium, 코카서스 산맥), 조지아(Georgiana, 그루지아), 키오스섬(Insula Chyo)과 같이 제목을 붙여 놓았으나 이 순서가 그의 여정을 반영하지 않을 수도 있다는 점에 유의해야 한다. 이 순서는 요르다누스가 기억하기 쉽도록 각 지역에 순번을 매겨 놓은 것일 수도 있기 때문이다. 예를 들어 그가 인도로 가는 길에 페르시아 왕국에 들르지 않고 유럽으로 돌아오는 길에 들렀다고 하더라도, 자신이 가지고 있는 지리적 지식과 지역적 위치에 근거하여 페르시아와 관련된 내용을 아르메니아 다음에 기록하는 것이 순서에 맞고 기억하기 편했을 수도 있다는 것이다. 한마디로 요르다누스의 서술 방식은 여정을 중심으로 한 서술이 아니라 지역을 중심으로 한 서술이다. 요르다누스의 서술 방식과는 달리, 여정을 중심으로 구간별로 서술한 대표적인 여행기로는 카르피니와 뤼브룩의 여행기를 들 수 있다.

순서만이 아니라 분량에서도 각 지역에 관한 요르다누스의 서술은 균등하지 않다. 그의 관심은 인도에 있었으므로 대인도와 소인도의 분량이 절반 정도를 차지한다. 가드라는 문단에 번호를 부여하여 구분했는데, 총 167문단 중 소인도가 42문단, 대인도가 42문단, 제3인도가 13문단이었다.[26] 이런 불균형은 그가 설명하려는 대상이 인도에 있었다는 것을 말해 준다. 즉 그의 책은 인도 여행기라기보다는 오히려 인도에 관한 지리서에 가깝다.

앞에서 설명한 것처럼 이 책은 환상을 모아 놓은 책이기도 한데, 이런 환상에 대한 이야기는 아주 오래된 전통을 갖고 있었고, 또 사람들이 기대하고 있는 바이기도 하므로 여행기에서 생략할 수 없었을 것이다. 환상에 대한 이야기는 고대부터 이어져 내려온 것으로, 플리니우스로부터 이시도루스를 거쳐 요르다누스에게까지 전해졌다. 그런데 인도를 방문한 요르다누스의 입장에서 보면, 인도에는 온갖 새롭고 신기한 동식물, 풍습, 전통 등이 많았고, 그런 진기한 것들 중에는 옛날부터 전해 듣던 것들도 있고 전혀 새로운 것도 있었을 것이다. 그렇다면 자신의 눈으로 확인한 것만 믿는다는 것이 오히려 이상한 일이 아닐까? 한마디로 요르다누스가 인도에서 한 일은 한편으로는 전승의 확인이었고, 다른 한편으로는 새로운 세계의 발견이었던 셈이다.

26 Christine Gadrat, *Une image de l'Orient au XIVe siècle: Les Mirabilia descripta de Jordan Catala de Sévérac*, Paris: École des chartes, 2005, pp. 247-260, 275-289.

일러두기

1. 이 책의 번역에는 요르다누스의 여행기를 싣고 있는 여러 책들 중에서 크리스틴 가드라(Christine Gadrat)의 라틴어 편집본을 저본으로 하고 같은 책에 실린 프랑스어 번역을 참고했다(Christine Gadrat, *Une image de l'Orient au XIVe siècle: Les Mirabilia descripta de Jordan Catala de Sévérac*, Paris: École des chartes, 2005, pp. 239-295). 그리고 앙리 코르디에(Henri Cordier)의 편집본과 함께 필요에 따라 헨리 율(Henry Yule)의 영어 번역을 참고했다(Henri Cordier, ed., *Mirabilia descripta: Les Merveilles de l'Asie*, Paris: Paul Geuthner, 1925; *Mirabilia descripta: The Wonders of the East by Friar Jordanus*, edited and translated by Henry Yule, London: Hakluyt Society, 1863).
2. 소제목과 문단 번호는 편집하는 과정에서 붙인 것으로서, 최초 편집본인 헨리 율의 영역본부터 붙이기 시작했다. 여기서는 크리스틴 가드라가 좀 더 세분화해 놓은 것을 따랐다.
3. 중세 여행기 중에서 한글 번역본이 있는 아래의 책들을 주석에서 인용할 경우 책명과 해당 쪽수만을 표기했다(예: 『동방견문록』, 440쪽).
   - 마르코 폴로, 『동방견문록』, 김호동 역주, 사계절, 2006.
   - 오도릭, 『오도릭의 동방기행』, 정수일 역주, 문학동네, 2012.
   - 존 맨더빌, 『맨더빌 여행기』, 주나미 옮김, 오롯, 2014.
     (『맨더빌 여행기』의 경우 위의 책이 출판되기 전에 지인의 번역본을 입수하여 참고했다. 그러나 지인의 번역본은 출판되지 않았으므로 『맨더빌 여행기』를 인용할 때 쪽수는 출판본에 근거했다. 지인의 번역본과 출판본은 어휘 등에서 약간의 차이가 있으나 의미에서 큰 차이는 없다.)
   - 카르피니·뤼브룩, 『몽골제국기행』, 김호동 역주, 까치, 2015.
4. 삽화와 지도는 원문에 없는 것으로, 독자의 이해를 돕기 위해 번역자가 이곳저곳에서 수집한 것이다.
5. 주석의 성경 인용에는 『공동번역성서』를 참고했다.

Mirabilia descripta

신기한 것에 관한 서술

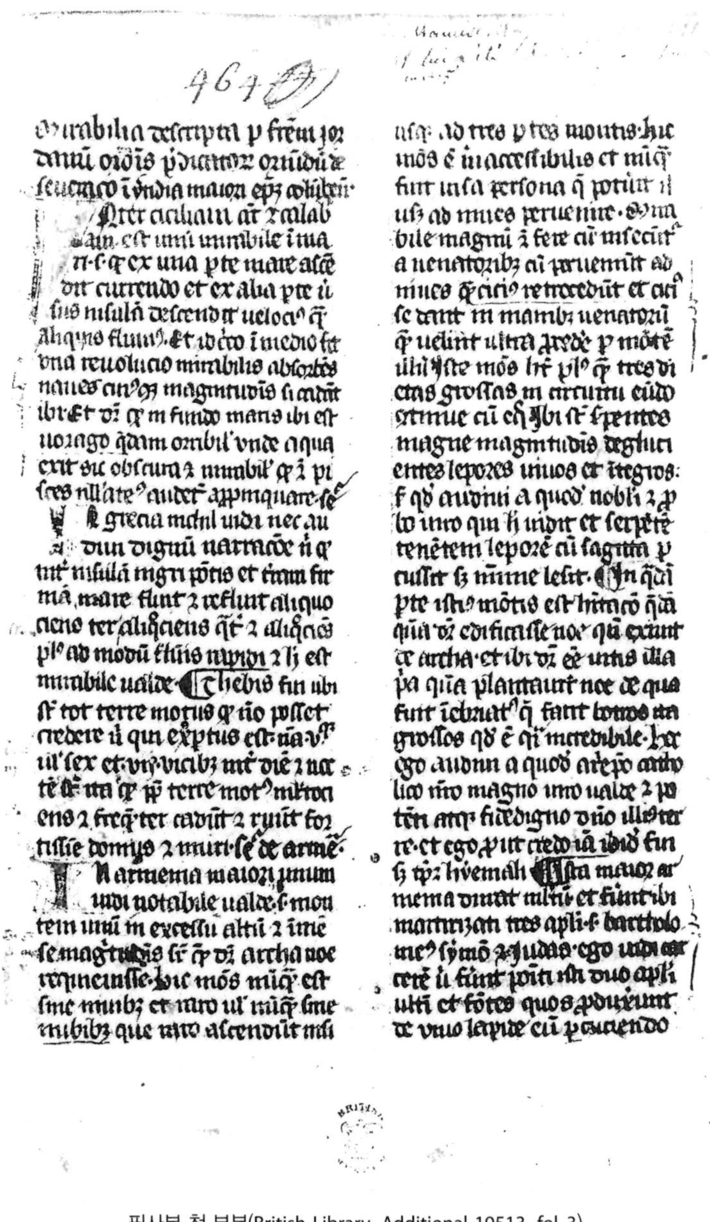

필사본 첫 부분(British Library, Additional 19513, fol. 3)

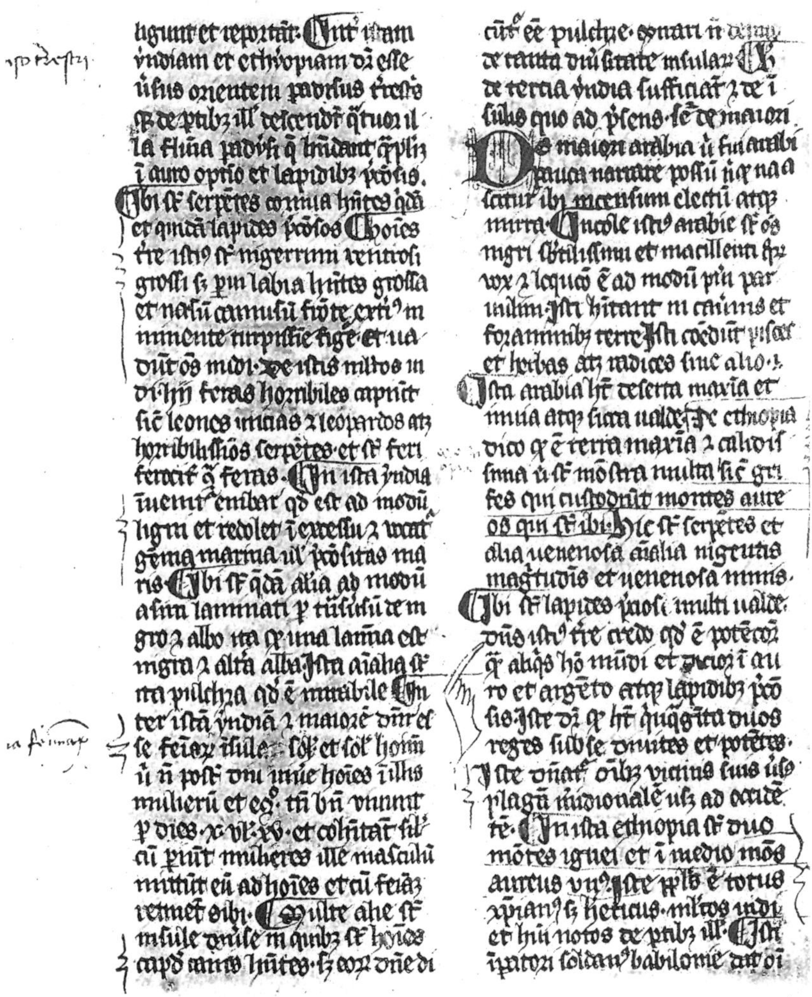

중세 독자가 주석을 달아놓은 페이지(British Library, Additional 19513, fol. 9)

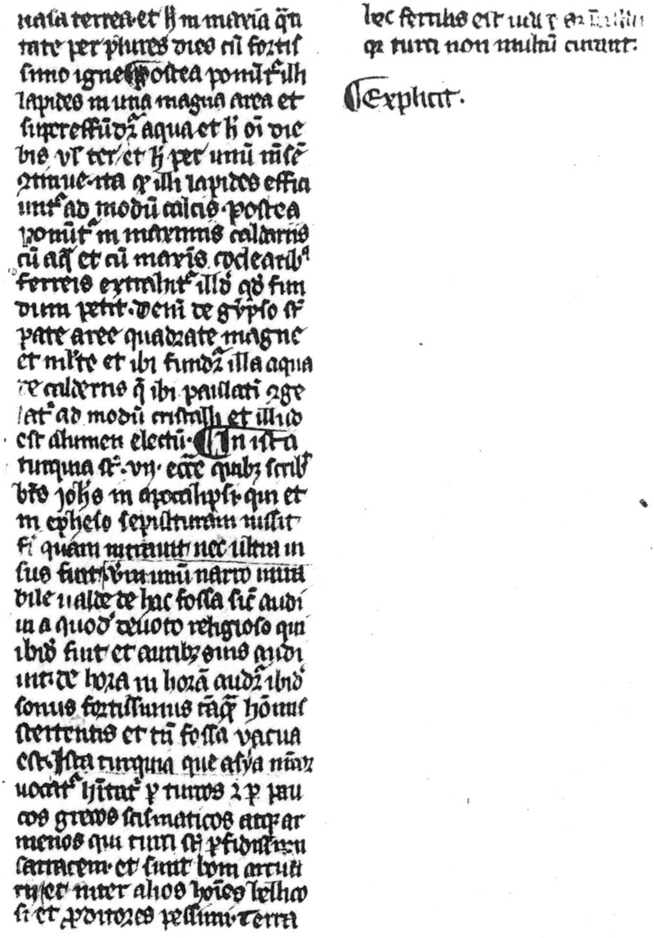

필사본 마지막 부분(British Library, Additional 19513, fol. 12)

세베락 출신이며 대인도에 있는
퀼론 주교이자 설교자수도회[1] 수도사
요르다누스 지음.

1. 시칠리아와 칼라브리아 사이에 있는 바다에서는 신기한 일이 벌어진다. 바다 쪽으로는 물결이 솟아오르고 섬 쪽으로는 물결이 내려간다. 그 물결은 어떤 파도보다도 빨라서 중심부에서는 신기한 소용돌이가 친다. 이 소용돌이는 그곳에 떨어지는 커다란 배도 집어삼킨다. 이 바다 깊은 곳에는 심연의 소용돌이가 있는데, 물고기조차 그곳에 가까이 가기를 두려워한다.

---

1 설교자수도회(ordines praedicatorum)는 도미니크 수도회를 말한다. '탁발수도회'라고도 한다. 정식 명칭인 Ordo fratrum Praedicatorum을 줄여서 OP로 표기하기도 한다.

그리스

2. 그리스에서는 특별히 이야기할 만한 어떤 것도 보거나 듣지 못했다. 다만 네그로폰테섬[2]과 내륙 사이에는 밀물과 썰물이 어떤 때는 세 번, 어떤 때는 네 번 혹은 그 이상으로 격렬하게 밀려오고 밀려간다.
3. 나는 테베에 있었는데, 그곳에서는 지진이 너무나 많이 일어나서 그것을 경험하지 않은 사람은 믿지 못할 정도다. 하루에 대여섯 번 일어나기도 하고, 심지어 일곱 번 일어날 때도 있다. 지진이 자주 일어나기 때문에 아무리 단단한 집과 벽이라도 여러 번 무너진 적이 있다.

2 에게해에 있는 에우보이아(Euboea)섬을 말하는데, 원래 육지의 일부였으나 지진으로 섬이 되었다고 한다. 중세에는 일반적으로 '네그로폰테'라고 불렸다. '폰테(ponte)'가 '다리'를 뜻하므로 섬의 중심 도시인 칼키스(Chalcis)와 본토를 연결하는 다리가 있었기 때문에 붙여진 이름으로 생각된다.

아르메니아

4. 대(大)아르메니아에서는 놀라운 일을 목격했다. 아주 높고 큰 산이 있었는데, 이 산 위에 노아의 방주가 놓여 있다고 한다.[3] 이 산은 항상 눈으로 덮여 있고, 항상 혹은 거의 항상 4분의 3 정도까지 구름에 가려져 있다. 구름이 걷히는 것은 아주 드문 일이다. 이 산에 접근하는 것은 불가능하며, 구름이 있는 지점 위로 올라간 사람은 없다.[4] 가장 놀라운 일은 동물들이 사냥꾼에게 쫓길 때

---

3 노아의 방주가 아라라트산에 정착했다는 것은 성경에 나와 있고, 다른 여행기에도 공통적으로 나온다. "칠월 십칠일에 배는 마침내 아라라트산 등마루에 머물렀다"(창세기 8장 4절), "7월에 방주가 아르메니아 산에 내렸다. 이 산은 우스벡 제국의 철의 문 옆에 있는 것으로서 소아르메니아의 아라라트라고 불린다"(G. Marignolli, "Chronicon Reverendissimi Joannis Dicti de Marignolis de Florentia Ordinis Minorum Bysinianensis Episcopi", Gelasius Dobner (ed.), *Monumenta Historica Boemiae*, Prague: Joannes Josephus Clauser, 1768, t. II, p. 107). "제가 묘사한 이 도시 근방에 산들이 있는데 그들은 노아의 방주가 거기에 놓여 있다고 주장합니다. […] 그 산은 맛사스라는 이름으로도 알려져 있는데"(『몽골제국기행』, 391쪽), "아르티론 다음으로 거치는 곳은 사비사콜(Sabissocolle; Sabissa Coloasseis)이라고 하는 산이다. 그 옆으로 아라라트(Ararath; Ararat)라고 불리는 산이 또 하나 있는데, 유대인들은 이 산을 타네즈(Taneez; Tano)라고 부른다. 노아의 방주가 지금도 이 산 위에 남아 있어서, 맑은 날에는 오롯이 볼 수가 있다. 산의 높이는 7마일은 족히 된다"(『맨더빌 여행기』, 183쪽).

4 "많은 사람들이 그곳에 오르려고 했지만 성공하지 못했습니다. […] 그 산은 겉모양을 볼 때에는 사람들이 제대로 오르지도 못할 정도로 높아 보이지 않았습니다"(『몽골제국기행』, 391쪽), "이 도시를 떠나서 이른 곳은 사르비사칼로(Sarbisacalo)라고 하는 언덕인데, 그곳에는 노아의 방주가 얹혀 있는 산이 있다. […] 아직까지 그 누구도 이 산에 올라가 본 적은 없다고 한다. 전하는 바에 의하면, 그것은 상제가 원하는 바가 아니었기 때문이라고 한다"(『오도릭의 동방기행』, 95쪽). 이에 대한 주석에서 정수일은 '사르비사칼로'의 위치에 대해서 대부분의 학자들이 아라라트산이라 한다고 언급했다. 그리고 이슬람 세계에서는 2,114미터의 주디산을 노아의 방주가 안

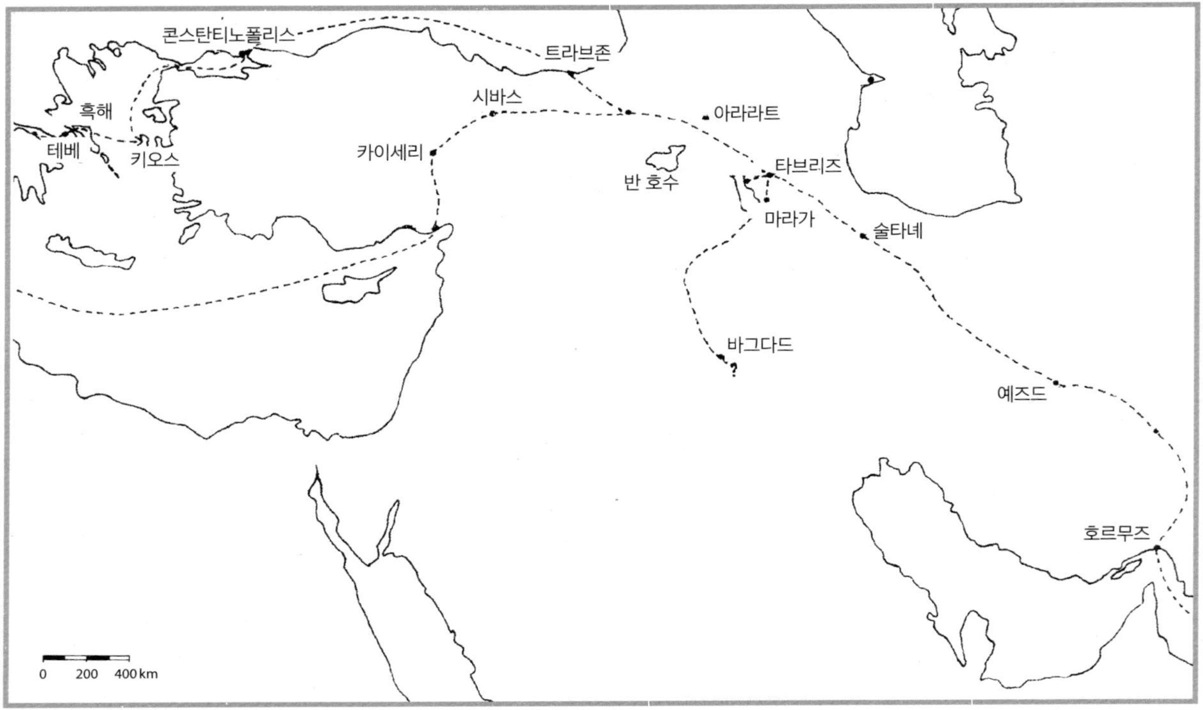

그리스, 터키, 아르메니아 일대의 여정

출전: Christine Gadrat, *Une image de l'Orient au XIV*ᵉ *siècle: Les Mirabilia descripta de Jordan Catala de Sévérac*, Paris: École des chartes, 2005, p. 341.

구름 속으로 들어갔다가 자기 발자국을 따라 되돌아온다는 것이다. 그리하여 그 동물들은 이 산을 넘어가고자 하지만 결국 사냥꾼에게 붙잡히고 마는 꼴이 된다. 이 산을 둘러보는 데에는 말을 타고도 꼬박 사흘이 걸린다. 그곳에는 거대한 뱀이 있는데, 그 뱀은 살아 있는 토끼를 통째로 삼킨다고 한다. 이 이야기를 해 준 사람은 명망 있는 귀족이었는데, 그는 토끼를 물고 있는 뱀을 직접 보았고, 그 뱀에게 화살을 쏘았으나 아무런 상처도 입히지 못했다고 한다.

5. 이 산 어딘가에 노아가 자신의 방주에서 나와 세운 주거지가 있다고 한다. 그곳에는 노아가 심은 첫 번째 포도나무가 있는데, 노아는 그 나무에서 생산된 포도주를 취할 정도로 마셨다고 한다.[5] 그 포도나무에서 생산할 수 있는 포도주의 양은 믿을 수 없을 정도로 많다고 한다. 이 이야기는 가톨릭 대주교[6]에게서 들었다.

착한 산으로 알고 있다고 했다. 맨더빌도 이 산에 오르기 힘들다는 사실을 인정하면서도 한 수도사가 산에 오른 적이 있다고 다음과 같이 언급한다. "산 위는 여름이든 겨울이든 눈으로 수북하게 덮여 있어서 아무도 갈 수 없기 때문이다. 실제로 노아의 시대 이후로 한 수도사를 제외하고는 아무도 거기에 가본 사람이 없다. 이 수도사는 하느님의 은혜로 산 위에서 방주의 널빤지를 가져왔는데, 이 널빤지는 지금도 산자락의 수도원에 남아 있다"(『맨더빌 여행기』, 183쪽).

산에 다녀온 수도사에 관한 이야기는 뤼브룩의 여행기에도 나오는데, 뤼브룩에 따르면 그 수도사도 산에 오르는 데에는 실패했다고 한다. "천사가 그(수도사)에게 나타나 방주에서 나온 나무를 주면서 더 이상 그렇게 올라가려고 애쓰지 말라고 했다는 것인데, 사람들은 그 나무를 자기네 교회 안에 안치했었다는 것입니다"(『몽골제국기행』, 391쪽).

5 "한편, 노아는 포도원을 가꾸는 첫 농군이 되었는데, 하루는 포도주를 마시고 취하여 벌거벗은 채로 천막 안에 누워 있었다"(창세기 9장 20-21절).

6 아르메니아 교회에 속하는 성 타대오 교구의 대주교 자카리아스(Zakarias)를 말한다.

대주교는 매우 훌륭하고 강건하며 믿을 만한 사람으로서 이 땅의 주인이었다. 나 역시 직접 그곳에 갔었지만, 겨울이어서 그 포도나무인지 확인할 수는 없었다.[7]

6. 대아르메니아 지방은 광대하다. 이곳에서 세 명의 사도가 순교했다. 즉 바르톨로메오,[8] 시몬,[9] 유다[10]가 그들이다.[11] 나는 시몬

---

7 아라라트산 동쪽에 있는 이 지역의 이름은 나흐체반(Nakhcheván)으로 '첫 번째 거주지'라는 뜻이다. 프톨레마이오스는 이 지역을 가리켜 낙수아나(Naxuana)라고 했다. 요르다누스가 암시하고 있는 마을은 아르구리(Arguri)인 듯하다. 이 마을이 아라라트에 있는 유일한 마을이다. 전하는 바에 따르면 노아가 제단을 세운 곳이라고 하며, 바로 그 장소에 교회가 있다. 합성어 Argh-urri는 '포도나무를 심다'라는 뜻이라고 한다. 나흐체반의 포도는 그 지역의 명성에 걸맞게 품질이 아주 훌륭했다. 아르구리는 1840년 7월 2일 화산폭발을 동반한 지진으로 땅에 매몰되었다.

8 열두 사도의 한 사람으로 부름을 받았다는 기록 외에는 알려진 것이 거의 없다. 그는 필립보의 인도로 그리스도를 만났을 때 "이 사람이야말로 정말 이스라엘 사람이다. 그에게는 거짓이 조금도 없다"(요한의 복음서 1장 47절)라는 평을 들은 나타나엘(Nathanael)과 동일인으로 간주된다. 중세 성인전인 『황금전설』에 의하면 그는 인도와 아르메니아에서 설교했으며, 그곳에서 전신의 가죽이 벗겨진 후 참수를 당해 순교했다고 한다(보라기네의 야코부스, 『황금전설』, 윤기향 옮김, 크리스챤다이제스트, 2007, 775-783쪽). 또 다른 전승에 의하면 그는 카스피 해안의 아바나폴리스, 메소포타미아와 페르시아 그리고 이집트에 복음을 전했다고도 한다. 그의 복음서는 위경(僞經)이다. 그는 미켈란젤로가 그린 〈최후의 심판〉에서도 심판자 오른쪽에서 자신의 가죽을 들고 있는 사람으로 그려져 있으며, 유다와 더불어 아르메니아 교회의 수호성인이다.

9 성 시몬(Symon)은 가나안 사람으로 그리스도의 제자였으며, 유대법을 철저히 준수하는 혁명당원이라는 별명을 가지고 있었다. 서방 전승에 의하면 성 시몬은 이집트에서 설교했고, 성 유다(타대오)와 함께 시리아와 메소포타미아에서 복음을 선포했으며, 페르시아로 갔다가 그곳에서 함께 순교했다고 전한다. 하지만 어떻게 순교했는지는 분명하게 알려져 있지 않다. 전해 오는 여러 전승에 따르면 십자가형을 받았다고도 하고, 톱으로 몸이 반으로 잘려 순교했다고도 한다. 그래서 회화적으로 시몬을 표현할 때는 큰 톱이나 십자가와 함께 묘사한다. 동방 교회 카이사레아의 바실리우스에 따르면 성 시몬은 에데사(Edessa)에서 평화로이 운명했다고 한다.

과 유다가 갇혀 있던 감옥을 보았다. 또한 그들이 살아 있는 돌로 만들어 낸 샘물을 직접 보았는데, 막대기로 여덟 번, 열 번 또는 열일곱 번 내리치면 내리친 횟수만큼 샘물이 생겼다. 샘물에서 가까운 곳에 엄청나게 크고 아름다운 교회가 있다.

7. 이곳 대아르메니아에는 왕의 딸로 영광스럽게 순교한 처녀가 있다. 그 이름은 스칼라였다. 아르메니아를 가톨릭[12]으로 개종시킨 성 그레고리우스[13]는 아르메니아 왕 테르탈[14]도 가톨릭으로 개

---

10 루가의 복음서 6장 16절과 사도행전 1장 13절의 열두 사도 명단을 보면 그의 이름은 '유다'이고, 마태오의 복음서와 마르코의 복음서에서는 '타대오'라 부르나 분명한 점은 그가 가리옷 사람 유다가 아니라는 것이다. '유다의 편지'의 저자는 자신을 야고보의 동생이라 하고, 마태오의 복음서 13장 55절과 마르코의 복음서 6장 3절에는 '주님의 형제'라는 언급이 나온다. 그러나 오늘날 학자들은 그가 열두 제자의 유다이지만 '유다의 편지'의 저자는 아니라고 한다. 전설에 의하면 성 유다는 메소포타미아에서 설교하였고, 위경인 시몬과 유다의 수난기에는 페르시아에서 이들 두 사도가 설교하다가 순교했다고 기록되어 있다.

11 뤼브룩의 여행기에는 나흐체반에서 멀지 않은 곳에 성 바르톨로메오가 순교한 곳이 있음을 전하고 있다. "그곳(나흐체반)에서 얼마 떨어지지 않은 곳에 성 바르돌로메우스가 순교당한 교회가 있다는 사실 […] 눈 때문에 그곳으로 갈 방도가 없었습니다"(『몽골제국기행』, 389쪽).

12 아르메니아는 아르메니아 기독교로서 로마가톨릭에 속하지 않는다. 여기서 요르다누스가 아르메니아를 가톨릭으로 표현한 것은 로마가톨릭의 영향력을 과장하기 위한 것으로 생각된다.

13 아르메니아 교회의 수호성인 성 그레고리우스(Gregorius, 257-331)는 아르메니아의 귀족 아나크 가문 출신이라고 전해진다. 그의 아버지는 아르메니아의 코스로프 2세(Khosrov II)를 살해했다고 한다. 이 사건으로 그는 부친과 함께 카이사레아로 피신하여 지내다가 코스로프의 아들 티리다테스 3세 치세에 대아르메니아로 돌아왔다. 301년에는 티리다테스를 비롯한 왕족과 귀족을 개종시키고 기독교가 아르메니아의 국교임을 천명하기에 이르렀다. 그는 아쉬티샷(Ashtishat)의 주교로 축성되면서부터 아르메니아 교회를 제도화하고, 이방인 성직자를 양성하여 복음화에 전력을 다하였다.

종시켰는데, 이는 성 실베스테르[15]와 콘스탄티누스 황제 때의 일이었다. 성 그레고리우스는 사자, 용과 함께 한 우물에 빠트려졌다. 이 지역에서는 순교자 성 야고보[16]가 도륙당했다.

8. 이 나라 대부분에는 이교도인 아르메니아인들이 살고 있다. 사실 설교자수도회와 작은형제회[17]의 수도사들은 4천 명이 넘는 사람들을 개종시켰다. 그리고 자카리아스라는 위대한 대주교가 자신의 신민들과 더불어 개종했으므로, 많은 수도사들이 이곳에

---

14 테르탈(Tertal)은 티리다테스 3세 대왕(Tiridates III the Great, 250-330)을 말한다. 그는 301년 기독교로 개종하고 기독교를 아르메니아의 공식 종교로 선포했다. 그리하여 아르메니아는 로마에 앞서 기독교를 공식적으로 받아들인 최초의 국가가 되었다. 전설에 따르면 일군의 수녀들이 로마의 박해를 피해 아르메니아로 도망쳐오자, 티리다테스는 그들 중에서 립시메(Rhipsime)라는 아름다운 수녀와 결혼하려 했다고 한다. 그러나 그 수녀가 티리다테스의 요구를 거부하자 이들 모두를 고문한 뒤 죽였고, 그 후 티리다테스는 곧바로 이상한 행동을 하는 병에 걸리고 말았다. 어느 날 꿈에 성 그레고리우스가 보이자 감옥에 갇혀 있던 그를 데려오게 했고, 그레고리우스가 기적적으로 티리다테스를 치료하자 그는 즉각 개종하고 기독교를 아르메니아의 공식 종교로 선포했다.

15 실베스테르 1세(Silvester I, ?-335)는 교회사상 매우 중요한 시기에 교황이었으나 그에 대해 알려진 것은 거의 없다. 그는 황제로부터 하사받은 땅에 라테라노 대성당을 세웠다.

16 페르시아의 두 번째 큰 박해에서 희생된 사람 가운데 성 야고보 절단자 혹은 야고보 인테르치소(Jacobus Intercisus)가 가장 유명하다. 그는 궁정관료로서 국왕 야즈데게르드 1세(Yazdegerd I)와 매우 가까웠다고 한다. 원래 기독교 집안에서 자랐으나, 왕과 절친한 친구의 꼬임에 빠져 우상 숭배를 하기에 이르렀다. 이에 그의 어머니와 아내가 편지를 보내서 가족관계를 끝내겠다고 하자, 그는 "나의 어머니와 아내가 남이 되었으니, 하나님과는 얼마나 멀어졌겠는가?"라고 비통해했다고 한다. 그리하여 그는 참회의 고행을 했으며, 야즈데게르드의 뒤를 이은 왕자가 기독교인임을 부정할 것을 요구했으나 끝내 거절하고 손가락, 발가락 등이 조각조각 잘리는 고문을 받은 뒤 목이 잘려서 순교했다(보라기네의 야코부스, 1124-1127쪽).

17 작은형제회(Ordo Fratrum Minorum, OFM)는 프란체스코 수도회를 말한다.

간다면 머지않아 나머지 사람들 모두가 신의 품 안에서 개종할 것으로 기대할 수 있다.

9. 아르메니아인으로서 훌륭하고 위대한 기독교 제후들이 많지만, 최고 권력자는 페르시아 황제다.

10. 아르메니아에는 물맛이 매우 쓴 죽음의 바다[死海][18]가 있다. 악취 때문에 그 물에는 어떤 물고기도 살지 못하고 항해를 할 수도 없다고 한다. 호수 한가운데에 섬이 하나 있는데, 그곳에는 페르시아의 옛 황제와 왕들의 무덤이 있다. 엄청난 보물이 있는 이 무덤에는 그 누구도 접근할 수 없으며, 설사 어떤 사람이 접근한다고 하더라도 감히 보물을 찾아보지는 못했다고 한다.

11. 이 아르메니아는 동서로는 세바스트에서 모간[19] 평원과 카스피산맥[20]에 이르며, 남북으로는 바르카리오산[21]에서 타우리시우스[22]에 이른다. 이곳의 너비는 23일 거리이며 길이는 40일 거리다.

---

18 이 바다는 아마도 호수를 말하는 것 같다. 아라라트산 근처에 있는 큰 호수로서 짠물 호수는 두 개가 있다. 하나는 오늘날 터키 동부에 있는 반(Van) 호수이며, 다른 하나는 오늘날 이란에 있는 우르미아(Ourmia) 호수다. 크리스틴 가드라는 반 호수의 물이 짜고, 호수 가운데에 교회가 있으며, 왕의 무덤이 있으므로 요르다누스가 말한 호수가 반 호수라고 주장한다(Gadrat, p.194). 그러나 앙리 코르디에는 왕의 무덤과 보물이 숨겨져 있다는 서술을 근거로 그곳이 우르미아 호수라고 주장했는데, 특히 몽골 제국 칭기즈칸의 손자이자 쿠빌라이의 동생인 훌라구의 무덤이 이 호수 한가운데에 있는 섬에 묻혔다는 점을 유력한 증거로 제시했다(Cordier, p.52).

19 모간(Mogan)은 카스피해 서쪽, 코카서스산맥 남쪽의 평원지대를 말한다.

20 코카서스산맥을 가리킨다.

21 바르카리오(Barcario)산은 엘브루즈(Elbruz)산이라고도 하는데, 러시아와 조지아의 국경 지역에 있다.

22 타우리시우스(Taurisius)는 페르시아에 있는 몽골 제국의 수도로서, 오늘날 아제르바이잔의 타브리즈(Tabriz)다.

12. 앞서 언급한 큰 산의 자락에는 1만 명이 순교한 곳이 있다.[23] 그 순교에서는 예수의 수난과 똑같은 표시가 나타났다. 왜냐하면 사람들이 모두 십자가형을 당했기 때문이다. 산의 이 지역을 아라라트라고 부른다. 또한 이곳에는 세무르[24]라는 매우 큰 도시가 있었는데 타타르인들에 의해 파괴되었다. 나는 이 모든 지역에 직접 가보았다.

13. 그 밖에 대아르메니아에서 언급할 가치가 있는 훌륭한 것들은 전혀 없었다.

---

23 1만 명이 순교한 것은 2세기 하드리아누스(Hadrianus)나 안토니누스 피우스(Antoninus Pius) 치세 때의 일이라고 한다(H. Yule and H. Cordier, *Cathay and the Way Thither*, vol. 3, London: Hakluyt Society, 1914, pp.40-41).

24 세무르(Semur)는 아마도 고대의 '반(Van)'이라는 도시로 추측된다. 아르메니아인들은 '반'을 '샤미라마게르드(Shamiramagerd)'라고 불렀는데, 이 발음에서 세무르라는 이름이 나왔을 것이기 때문이다(Yule and Cordier, p.40). 반이라는 도시에서 6마일 떨어진 바락(Varac)에 수도원이 있는데 이곳에서 1만 명이 순교했다는 이야기가 전해진다.

페르시아 왕국

14. 이와 달리 페르시아[25]에서는 놀라운 광경을 목격했다. 즉 타우리시우스는 20만 호(戶)가 살 정도로 아주 큰 도시인데, 하늘에서 비가 내리지 않으며 여러 지역과 마찬가지로 여름에도 비가 오지 않는다. 그러나 사람들이 먹을 식량을 생산하는 농지에는 물을 댈 수 있다.

15. 그리고 그곳과 그 주변에는 버드나무 위에서 사는 아주 작은 벌레가 있는데, 그 벌레는 수분을 내뿜었다. 그 벌레는 나뭇잎 위나 땅 위에 하얀 밀랍처럼 달라붙어서 꼼짝하지 않고 있었다. 그 벌레가 뿜어내는 물질은 꿀이나 벌집보다 더 달았다.[26]

16. 이곳에는 꽤 아름다운 교회가 있었는데, 천 명이나 되는 사람들을 이교에서 우리 신앙으로 개종시켰다. 아브라함이 탄생한 도시인 칼데아의 우르[27]에서도 같은 수의 사람들이 개종했다. 매우 부유한 도시인 우르는 타우리시우스에서 이틀 거리에 있다. 마찬가지로 솔타니아[28]에서도 5백 명에서 6백 명이 개종했는데, 이

---

25 일 한국(Ile Khan)을 가리킨다.

26 이 달콤한 물질을 내뿜는 것은 벌레가 아니라 만나(manna), 즉 유향을 말하는 것으로 추측된다.

27 "데라는 칠십 세가 되기까지 아브람과 나홀과 하란을 낳았다. 데라의 후손은 다음과 같다. 데라는 아브람과 나홀과 하란을 낳았고 하란은 롯을 낳았다. 하란은 고향인 갈대아 우르에서 자기의 아버지보다 먼저 죽었다"(창세기 11장 26-28절).

우르(Ur)에 대해서 맨더빌도 "칼데아에 우르라고 불리는 도시가 있는데, 옛날 그곳에는 아브라함의 아버지인 테라가 살고 있었다. 아브라함도 그곳에서 태어났다."라고 언급했다(『맨더빌 여행기』, 188-189쪽).

28 이란에 있으며 가톨릭 대주교구다. 솔타니아(Soltania)는 페르시아어로 '왕성(王城)'

도시는 타우리시우스에서 8일 거리에 있으며 그곳에는 우리의 아름다운 교회가 있다.

17. 페르시아의 이 지역에는 야생 노새라고 불리는 동물이 있다. 그것은 작은 당나귀와 같으며 우리의 말보다 빨리 달린다.

18. 페르시아에는 사라센인, 이슬람을 믿는 타타르인, 그리고 여러 분파의 기독교 이단, 즉 네스토리우스파,[29] 야곱파,[30] 그리스 정교, 조지아인, 아르메니아인 그리고 소수의 유대인이 살고 있다.[31] 페르시아의 이 지역에는 비단과 청금석[32]이 풍부하다. 그

을 뜻한다.

29 5세기 초 콘스탄티노폴리스 총대주교였던 네스토리우스(Nestorius)의 교설을 추종하는 종파를 말한다. 이들은 당시 마리아를 '하느님을 낳으신 분(thotokos)'으로 부르는 관행에 반대하고 '그리스도를 낳으신 분(Christokos)'으로 부르자고 주장하여 431년 에베소 공의회와 451년 칼케돈 공의회에서 이단으로 정죄되었다. 이는 그리스도의 신성을 강조하는 알렉산드리아 교회에 반대하여 그리스도의 인성을 강조한 것이다. 이후 아라비아, 페르시아, 인도, 몽골 등지로 전래되었으며, 7세기에 중국 당나라에 전파된 경교(景敎)도 이 종파라고 알려져 있다.

30 야곱파는 시리아 정교회에서 파생된 기독교도 집단으로, 단성론을 주장하므로 로마가톨릭에서는 이단으로 간주한다. 이 명칭은 6세기 야곱 바라데우스(Jacob Baradaeus)의 이름에서 나왔다. 이 교회는 네스토리우스파와 함께 그리스어·시리아어 고전 연구의 전승자로서 큰 역할을 했다. 그러나 예배 용어로서는 시리아어를 계속 보존했으나, 신도의 아랍어화는 지속되어 성직자의 저작도 아랍어로 집필되었다.

31 "내가 말한 이 모든 지역에 있는 기독교도들은 전부 네스토리우스파와 야곱파이다. [···] 이 지역의 산지에는 네스토리우스파와 야곱파 기독교도인 쿠르드라는 종족이 살고 있는데, 그 일부는 마호메트를 믿는 사라센이기도 하다"(『동방견문록』, 110-111쪽).

32 청금석이란 '라피스라줄리(lapis-lazuli)'라고도 하는 푸른색 돌이다. 평소에는 푸른색이 강하지 않지만 물을 뿌리면 파란색이 선명하게 나타난다. 청금석을 가공해 푸른색 타일을 만들었다. 이것을 이용한 대표적인 작품이 바빌론의 '이슈타르의 문'이다. 『동방견문록』에도 청금석에 대한 언급이 나온다. "이 고장(바다샨)의 다른 산에

러나 그것을 다룰 줄 모른다. 또한 강물에는 금이 많지만 그것을 추출할 줄 모르며 귀중하게 취급하지도 않는다. 이곳 페르시아는 길이 방향으로는 대략 50일 거리이며 폭 역시 똑같은 거리다. 이 제국의 주민들은 굉장히 불결하다. 왜냐하면 이들은 땅바닥에 그냥 앉으며 그 상태로 식사를 하기 때문이다. 그리고 셋, 넷 혹은 다섯 명이 하나의 접시에 요리와 고기를 담는다. 그들은 식탁보[33]를 깔지 않고, 둥그런 가죽을 깔고 그 위에서 식사를 한다. 혹은 목재나 청동으로 된 낮은 식탁에서 식사를 한다. 이리하여 때때로 예닐곱 혹은 여덟 명이 하나의 접시를 놓고 같이 먹기도 한다. 이들은 손과 손가락을 이용하여 남녀노소 구분 없이 함께 먹는다. 먹은 다음, 심지어 먹는 도중에도 이들은 입술과 혀로 손가락을 핥고, 그렇게 하여 손수건을 사용하지 않고도 깨끗하게 닦아낸다. 그런 후에도 손가락에 기름기가 남아 있으면 자신들의 신발에 닦는다. 모든 타타르인들과 오리엔트 사람들이 이렇게 한다. 인도인들은 손으로 먹는다는 점에서는 같지만 상당히 깨끗한 편이다.

서는 청금석을 만드는 돌이 나는데, 그것은 세상에서 가장 훌륭하고 가장 좋은 청금석이라는 것을 여러분은 알아야 할 것이다"(『동방견문록』, 155-156쪽).

33 원문의 tobalia는 뒤 캉주(Du Cange)가 편찬한 『중세 라틴어 용례사전』에만 그 용례가 등재되어 있는데, 모두 '직물'이나 '식탁보'를 지칭한다. 이와 유사한 발음을 가진 단어로는 이탈리아어 tovaglia와 고(古)프로방스어 toalha가 있는데 모두 '식탁보'를 뜻한다.

19. 이곳 페르시아에는 일종의 송진[34]이 샘솟는 몇몇 연못이 있다. 키크(Kic)라고 불리는 이 송진은 우리가 페구아(pegua)라고 부르는 것이다. 포도주를 옮기거나 보관하는 가죽 부대에 이것을 칠한다.

20. 페르시아와 소인도[35] 사이에는 눈처럼 흰 유향알(manna)이 엄청나게 쏟아지는 땅이 있다.[36] 그것은 사람들이 믿는 것보다 더 하얗고 모든 달콤한 것보다 더 달콤하며, 그 형태는 아름답고 그 효능 또한 놀랍다.

21. 또한 엄청나게 큰 모래 산이 있는데[37] 그곳에서 사람들이 많이

---

34 역청(瀝靑)을 말한다. 고대 메소포타미아에서는 역청이 방수제로 사용되었는데, 우르의 지구라트 아랫부분에 홍수에 대비하여 칠해진 흔적이 남아 있다. 노아의 방주에도 방수제로 사용되었다. "너는 전나무로 배 한 척을 만들어라. 배 안에 방을 여러 칸 만들고 안과 밖을 역청으로 칠하여라"(창세기 6장 14절).

35 오늘날의 인도 북부와 파키스탄이 소인도(Minori Yndia)에 해당한다.

36 오늘날의 쿠르드 지역일 것이다. 유향에 대해 언급한 또 다른 중세 여행가인 리콜도 데 몬테크로체(Riccoldo de Monte Croce)의 여정을 분석한 장-마리 메리구(Jean-Marie Mérigoux)에 따르면, 유향이 생산되는 곳은 쿠르드 지역이라고 한다(Gadrat, p.49).

"산에는 다른 어느 곳보다도 더 풍부하게 만나가 지천으로 널려 있다. 천사의 빵이라고 불리는 이 만나는 희고 무척 달콤하며 맛이 좋고, 꿀이나 설탕보다도 더 달다. 그것은 천국의 이슬이 이 지역의 풀잎에 떨어져서 생겨난 것으로 이것이 응고되어 새하얗고 달콤하게 된 것이다. 그것은 피를 맑게 하고 우울질을 없애는 효과가 있기 때문에, 부자들이 변비를 해소하고 나쁜 피를 정화하는 약을 만들 때 넣는다"(『맨더빌 여행기』, 188쪽).

37 이에스트(Iest)는 테헤란 동남방 500킬로미터의 이란 고원 언저리에 펼쳐진 사막 한가운데 있는 조로아스터교의 성지로서, 오늘날에는 '야즈드(Jasd)'라고 한다. 이란에는 서북부에 카비르 사막이, 동남부에 루트 사막이 바다처럼 넓게 펼쳐져 있는데, 이에스트에서 하루 거리라고 했으므로 정수일은 루트 사막일 가능성이 매우 높다고 했다(『오도릭의 동방기행』, 118-120쪽). "나는 이에스트란 도시에 들렀는데, 여

죽었다. 왜냐하면 바람이 불면 연못의 물이 일렁이듯이 모래가 흘러가기 때문이다. 위에서 말한 지역들, 즉 페르시아, 대아르메니아, 칼데아와 카파도키아, 그리고 소아시아와 그리스에는 과일, 고기, 다른 물산이 우리와 마찬가지로 풍부하다. 그럼에도 그리스를 제외하고는 사람들이 우리의 10분의 1도 살지 않는다.

기서 모래 바다까지는 고작 하루 여정 거리다. 원래 이 바다는 무언가 좀 기이하고 극히 위험하기도 하다. […] 폭풍이 일 때면 바다처럼 금방 이리저리 흔들린다. 그러다가도 파도처럼 일렁이기 일쑤다. 급기야 부지기수의 여행자들이 모래 속에 가라앉고 빠지며 파묻히고 만다"(『오도릭의 동방기행』, 98쪽).

소인도[38]

22. 소인도에 들어서면 달콤한 과일을 엄청나게 많이 생산하는 야자나무를 발견할 수 있는데, 인도 안쪽으로 들어가면 이 나무를 찾아볼 수 없다. 소인도에는 놀랍고 경탄할 만한 것들이 많다. 왜냐하면 이곳에는 샘도, 강도, 저수지도 없고 비는 5월 중순에서 8월 중순까지 딱 세 달 동안만 내리는데, 그럼에도 놀랍게도 땅이 매우 비옥하고 풍요롭다. 비가 오지 않는 아홉 달 동안에도 다른 때와 마찬가지로 땅이 촉촉하게 젖어 있다. 그리하여 삼시경 중반[39]까지도 햇볕으로 바싹 마르지 않는다.

23. 이곳에는 신기한 일들이 수없이 많이 있다. 제1인도[40]에 들어서면 완전히 다른 세상이 시작된다. 왜냐하면 이곳의 모든 사람들은 남녀를 막론하고 피부색이 검고, 면으로 된 천을 허리에 두르고 남은 부분을 벌거벗은 등에 걸쳐 놓은 것 외에는 아무것도 입지 않는다.

---

38 마르코 폴로는 대인도를 마아바르에서부터 케스마코란에 이르는 지역이라 했으며, 소인도는 참바에서 무티필리까지라고 했다. 그 밖에 중인도는 아바쉬(Abasce)라고 했는데, 아바쉬는 에티오피아 지방을 가리키는 아랍어 하바쉬(Habash)와 같다(『동방견문록』, 499-500쪽). 그러므로 마르코 폴로가 중인도라고 한 지역은 요르다누스가 제3인도라고 한 지역과 같다.

39 중세 수도원에서는 성무일도(聖務日禱) 또는 시간 전례에 따른 시간구분법을 사용했다. 성무일도란 하루를 일정한 간격으로 나누어 적절한 시기에 기도를 바치는 것을 말한다. 중세 수도원에서는 대체로 독서기도, 아침기도, 삼시경(9시), 육시경(12시), 구시경(오후 3시), 저녁기도, 끝기도의 순서로 기도를 드렸다. 이 글에서 말하는 '삼시경 중반'은 오전 10시 반쯤에 해당된다.

40 소인도를 말한다. 대인도는 '제2인도'라고 한다.

24. 이 땅에는 밀이 풍부하지만 이곳 주민들은 밀로 만든 빵을 거의 먹지 않는다. 대신에 이들은 쌀과 수수를 물에 끓여서 먹는다. 또한 우리처럼 우유, 버터 그리고 기름을 먹기는 하지만 항상 가공하지 않은 상태로 섭취한다. 이곳에는 말, 노새, 낙타, 코끼리 등은 없고 오직 소만 있다. 소를 말처럼 타고 가거나 운반하는 데에 이용할 뿐만 아니라 그것을 이용해 농사일 등 필요한 모든 일을 한다.

25. 당나귀는 많지 않은데, 수효도 적을뿐더러 귀하게 여기지도 않는다. 이곳에서는 밤과 낮의 길이 차이가 거의 없어서 그 차이는 기껏해야 두 시간 정도다. 이곳에는 항상 과실과 꽃, 그리고 다양한 나무와 다양한 종류의 열매가 있다. 한편 아주 커다란 열매가 열리는 나무가 있는데, 그것을 샤키[41]라고 한다. 그리고 아주 큰 열매를 맺는 나무도 있는데, 그 과일 하나면 다섯 사람이 충분히 먹을 수 있다.

26. 그리고 위에서 말한 것과 비슷한 열매를 맺는 다른 나무도 있다. 사람들은 그것을 블로키[42]라고 부른다. 위에서 말한 열매와 크기가 같고 똑같이 달지만 종자는 다르다. 이 열매는 잎에 열리지 않는다. 왜냐하면 잎이 그 무게를 견디지 못하기 때문이다. 그 대신 줄기에서 뻗은 가지나 나무줄기에 열매가 열리며, 뿌리까지 뻗어 있는 경우도 있다.

---

41 샤키(chaqui)는 빵나무를 말하며 jacquier, jaquier라고도 한다.

42 블로키(bloqui)는 샤키와 같은 종류의 과일이다. 마리뇰리의 책에는 샤키와 블로키가 마치 하나의 열매처럼 '샤카블로키'로 적혀 있다.

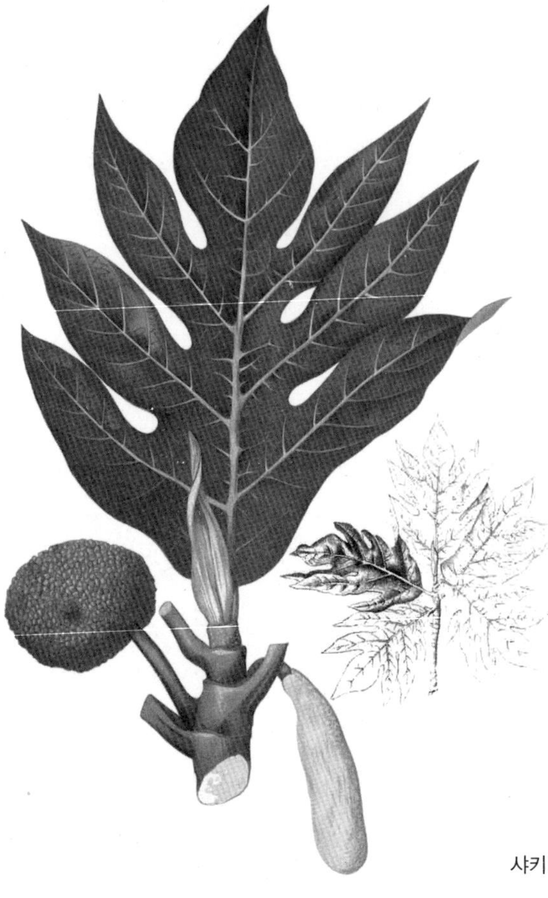

샤키(빵나무)

27. 그리고 커다란 자두 같은 열매를 맺는 나무도 있는데, 그 열매는 암바[43]라고 불린다. 이 열매는 매우 달콤하고 맛있어서 그 맛을 말로 표현할 수 없다.

43 암바(amba)는 망고를 말하며, 인도에서는 am, amba, amra 등으로 표기한다.

28. 이곳에는 다른 과수나무들도 있는데, 그 수효와 종류가 많아서 전부 말하기에는 너무나 오래 걸린다.

29. 한마디로 이곳 소인도의 과일과 다른 물산들은 기독교 세계의 것과는 다르다. 다만 이곳에도 레몬이 있는데 어느 지역의 것은 설탕과 같이 지극히 달콤하고 어느 지역의 것은 우리와 마찬가지로 신맛이 난다. 석류는 질이 좋지 않고 크기도 작다. 이곳에는 포도나무가 거의 없으며, 있다고 하더라도 포도주 생산에 사용되지 않는다. 사람들은 신선한 포도를 송이째 먹는다. 또한 이곳에서 흔한 나무가 있는데, 이 나무에서 술을 생산하여 그것을 포도주 대신 마신다.

30. 가장 특이한 것은 나길[44]이라고 불리는 나무로, 이 나무는 매달 나뭇가지를 뻗어내며 그 가지에 야자와 같은 열매가 열린다. 나뭇잎이라고 할 수도 있고 나뭇가지라고 할 수도 있는 이것은 어른 머리 크기만 한 열매를 맺는다. 하나의 가지에서 그렇게 큰 열매를 서른 개나 맺는 경우도 종종 있다. 또한 이 나무에서 꽃과 열매가 동시에 맺어지는 것을 볼 수 있는데, 이런 종류의 꽃과 열매가 첫 달부터 열두 번째 달까지 지속적으로 천천히 늘어나는 것을 볼 수 있다. 이로써 사람들은 꽃과 더불어 열매가 열한 단계에 걸쳐 열리는 모습을 볼 수 있다. 이것은 놀라운 일이어서 보지 않은 사람은 이해할 수 없을 것이다.

31. 사람들은 이 나뭇가지와 열매에서 매우 달콤한 수액과 부드럽

44 나길(nagil)은 야자나무를 말한다.

고 연한 식용 씨앗을 얻는다. 씨앗은 시간이 지나면 단단해지는데, 이것으로부터 아몬드 우유와 같은 훌륭한 우유를 얻는다. 그리고 마지막으로 씨앗이 더 단단해지면 이것으로 아주 효능 좋은 약용 기름을 만든다. 열매를 이와 같이 이용하기를 원치 않는다면, 한두 달 만에 나뭇가지에 열매가 열릴 때 나뭇가지를 잘라내고 항아리를 매달아 놓는다. 그러면 잘린 가지에서 액체가 떨어지는데, 그것은 원래 열매가 되어야 할 것이 변한 것이다. 이 액체는 우유처럼 희고, 포도즙처럼 달콤하며, 마시면 포도주처럼 취한다. 그곳에 사는 사람들은 포도주 대신에 이 액체를 마신다. 그리고 그것을 음료로 이용하지 않는 사람들은 3분의 1로 줄어들 때까지 끓여서 꿀처럼 걸쭉하게 만든다. 그것은 매우 달콤하여 꿀이나 벌집처럼 보관하면 된다.[45] 계절에 상관없이 나뭇가지 하나에서 하루에 한 항아리 분량이 나온다. 사정이 이러하므로 나무 한 그루에 걸려 있는 대여섯 개의 항아리가 가득 차게 된다. 이 나무의 잎은 우기에 지붕을 덮는 데에 사용된다. 이 열매가 바로 우리가 '인도 큰 호두'라고 부르는 것이다.[46] 이 열매

45 이것은 '재거리(Jaggery)'라고 하는 것으로, 설탕과 유사하다. 인도의 구라자트나 벵갈의 야자나무에서 채취되며, 대추야자와 사탕수수 즙을 끈끈한 시럽이 될 때까지 졸여서 만든다. 이 시럽을 덩어리 형태로 굳힌 것이 바로 재거리다. 재거리는 거칠고 푸슬푸슬한 것부터 바위처럼 단단한 것까지 다양하며, 인도 음식에서 널리 쓰인다.

46 코코넛을 말한다. '인도 큰 호두(nuces de Yndia)'에 대해 마르코 폴로는 '파라오 호두'라고 하며 다음과 같이 설명한다. "그곳(마아바르의 성 토마스 유해가 안치되어 있는 곳)의 교회를 지키는 기독교도들은 파라오 호두 열매가 달리고 술도 빚을 수 있는 나무를 많이 심는다. 그 열매 하나에서 한 사람이 충분히 먹을 만큼의 음식

의 껍질로는 밧줄을 만드는데, 이 지역에서는 이것으로 배를 수선한다.

32. 또한 다른 종류의 나무도 있다. 이 나무는 앞서 말한 나무와 마찬가지로 마시면 취하는, 맛있는 흰색 액체를 항상 배출한다. 이 나무는 타리[47]라고 한다. 그리고 벨루리(belluri)라는 나무도 비슷한 액체를 만들어 내는데, 이 나무에서 나는 것이 품질이 더 좋다.

33. 다른 놀라운 나무들도 있다. 그중 어떤 나무는 뿌리가 윗부분에서 나와서 점차 아래로 내려와 땅을 파고 들어가는데, 그것이 마치 중심 줄기처럼 보이며 아치 형태를 이룬다. 이와 같은 형태가 반복되어서, 나무 한 그루에 스무 개에서 서른 개의 줄기가 서로 인접해서 연속하여 엉켜 있다. 이것은 너무도 놀라운 일인데, 내가 직접 본 것을 글이나 말로 충분히 나타낼 수 없을 정도다. 이 나무는 유용한 열매를 맺지는 않으며, 독을 가지고 있어서 치명적이다. 나무는 너무나 단단해서 아주 강한 화살촉에 맞아도 거의 상처조차 생기지 않을 정도다.[48]

과 음료수가 나온다. 먼저 그들은 실과 같은 것으로 덮인 껍데기를 벗기는데, 그것은 여러 가지를 만드는 데 유용하게 쓰인다. 첫 번째 껍데기 속에는 한 사람이 충분히 먹을 만한 양의 속살이 있다. 사실 그것은 매우 맛있고 사탕처럼 달며 우유처럼 희고, 바깥껍데기처럼 컵 모양으로 생겼다. 그 속살 한가운데에는 약병에 가득 담을 정도로 많은 즙이 있는데, 그 즙은 맑고 차가우며 정말로 맛이 있다. 사람들은 열매의 속살을 다 먹고 나서 그것을 마시므로, 이렇게 하나의 열매로써 음식과 음료가 모두 충족된다"(『동방견문록』, 460쪽).

47 타리(tari)는 야자나무의 일종으로 포도주가 나는 야자나무를 말한다.

48 반얀나무(Banyan Tree), 즉 벵골보리수에 대한 설명이다. 학명은 *Ficus benghalensis*로, 인도 동부가 원산지다. 높이 30미터까지 자라며, 가지나 줄기에서 여러 개의 받침뿌리가 나와 많은 새싹이 넓은 지역에 퍼진다. 잎은 달걀 모양으로 딱딱하며, 꽃

반얀나무

34. 소인도와 대인도의 나무들은 잎이 새로 날 때까지 기존에 달려 있던 잎들이 결코 떨어지지 않는다.

35. 그 밖의 다른 나무들에 대해서 기술하기에는 그 수효가 너무 많고 종류도 다양해서 전부 말하려면 이야기가 너무 길어질 뿐 아

과 열매는 무화과와 비슷하다. 수지(樹脂)로 바니시를 만든다.

니라 나로서도 지극히 성가신 일이기도 하다. 그리고 사람들이 그것을 알아들을 수도 없을 것이다.

눈표범(설표)

36. 숲에 사는 동물과 맹금류에 대해서 말하자면 사자, 표범, 눈표범,[49] 그리고 토끼와 비슷한 다른 종자가 있다. 토끼처럼 생긴 동물은 귀만 검은색이고 몸통 전체가 눈처럼 희다. 그곳에서 샤고이스[50]라고 불리는 이 동물은 무엇이든 한번 잡으면 죽을 때까지 놓아주지 않는다. 그 밖에 코뿔소라고 불리는 동물이 있는데, 말처럼 크고 이마에는 울퉁불퉁하고 기다란 뿔이 있다. 그렇지만 유니콘은 아니다.

37. 뱀과 같이 독이 있는 동물들은 수효도 많을 뿐 아니라 크기를 측정할 수 없을 정도로 크다. 색깔도 다양해서 검은색, 붉은색, 흰

49 '설표(雪豹)'라고도 한다. 학명은 *Panthera uncia*로, 고양잇과이며 중앙아시아의 고지대에 서식한다. 일반적으로 표범으로 불리지만 생물학적으로는 호랑이에 가깝다. 표범보다 작고 꼬리가 길고 굵다.

50 샤고이스(Siagois)는 페르시아 스라소니(sīyāh gūsh) 또는 카라칼(*caracal caracal,* felis caracal)로 추정된다. 발음이 비슷할 뿐 아니라 페르시아어 'sīyāh gūsh'는 '검은 귀'라는 뜻인데 페르시아 스라소니나 카라칼은 모두 귀가 검은색이기 때문이다. 그런데 여기서 설명하고 있는 소인도에 서식하는 카라칼은 검은 귀 아래로는 모두 흰색이라고 한다.

샤고이스로 추정되는
펠리스 카라칼

색, 녹색 등을 띠고 있으며 중간 색깔로 혼합된 것도 있다. 놀랍게도 머리가 둘이거나 심지어 셋인 것도 있으며, 머리가 다섯 개인 놈도 있다.

38. 악어도 있는데 칼카트릭스(calcatrix)라고 불리는 이 악어들 중 어떤 것은 커다란 말과 크기가 비슷하고 어떤 것은 그보다 크다. 이 동물은 도마뱀 같은 네발짐승으로, 꼬리가 도마뱀처럼 몸통 위로 길게 뻗어 있다. 그리고 머리는 돼지처럼 생겼으며 이빨은 어찌나 튼튼하고 무섭던지 그 이빨에 물렸다가는 벗어날 수 있는 것이 없으며, 특히 물속에서는 더욱 그렇다. 이 동물의 딱딱한 껍질은 칼이나 창, 화살을 가지고서는 아무리 해도 상처를 입힐 수 없다. 물속에서는 이 놀라운 동물보다 더 강한 것은 없으며 이보다 더 위험한 동물도 없다. 그리고 단지 내가 이름을 모를 뿐, 기어 다니는 많은 동물이 있다.

39. 새에 관해서 말하자면, 우리가 사는 곳과 달리 이곳에는 아주 다양한 종류의 새들이 있으며, 우리 땅에서도 볼 수 있는 새는 까마귀와 참새뿐이다. 여기에서는 파파가이(papagaii)라고 하는 앵무새 수천 마리가 하나의 무리를 이루고 있는 것을 볼 수 있다. 이 새는 길들여지면 이성을 가진 인간과 비슷하게 새장에서 말을 한다.

40. 또 박쥐가 있는데 너무나 커서 솔개만 하다. 이 박쥐는 낮 동안에는 날지 않고 해질녘에만 난다. 놀랍게도 낮에는 몸통을 아래 방향으로 한 채 숲속에 매달려 있는데, 언뜻 보면 거대한 과일처럼 보인다.[51]

41. 그리고 공작, 메추라기, 인도 암탉[52]과 같은 다른 새들이 있고 순백색과 순 초록색, 그리고 중간색을 가진 다른 종류의 새들도 있다. 이 새들은 너무나 아름다워서 말로 형언할 수 없다.

42. 이곳 소인도에서는 남자들이 전쟁에서 진격하거나 주인을 호위할 때, 이들은 깨지기 쉽고 형편없는 둥근 방패를 가지고 손에는 양날 검을 들고 벌거벗은 채로 전진한다.[53] 당연하게도 그 광경은 어린아이들의 전쟁놀이처럼 보인다.

---

51 "박쥐가 있는데 ― 이것은 밤에만 날아다니는 새이고, 깃도 깃털도 없다 ― 그 크기는 매처럼 크다"(『동방견문록』, 454쪽).

52 원문의 Gallina Yndiana는 사전에 올라 있지 않은데, 칠면조는 아니며 적색 야계(野鷄, Gallus gallus)일 가능성이 높다. 이 닭은 사육하는 암탉의 기원이 되는 종자다.

53 "이 사람들은 창과 방패를 갖고 전투할 때 거의 알몸으로 나간다. 그들은 용맹하지도 않고 경험도 없는 단지 볼품없는 겁쟁이들일 뿐이다"(『동방견문록』, 449쪽).

43. 이곳에는 보석의 종류가 많고 그 양도 풍부하다. 그중에는 다이아몬드도 있는데, 세상에서 발견할 수 있는 좋은 다이아몬드는 전부 여기에 있다. 이곳의 보석들은 자연 상태 그대로 이용되며 다른 어떤 방법으로도 절삭되거나 변형 또는 가공되지 않는다. 글이 길어지므로 이 보석의 주인에 대해서는 생략하겠다.

44. 인도의 이 지역에는 아주 비싼 보석이 많다. 누구든지 이 보석을 채취할 수 있으며 어느 누구도 그것을 막을 수 없다.

45. 인도의 이 지역에서는 귀족 또는 그 정도의 재산이 있는 사람이 죽으면 그 시신은 화장(火葬)된다. 그때 망자(亡者)의 살아 있는 아내 역시 망자와 더불어 불 속으로 던져진다. 아내는 이승에서의 영예, 그리고 남편에 대한 사랑과 그의 영생을 위하여 망자와 함께 스스로 불에 뛰어든다.[54] 마치 혼인하러 가는 것처럼 춤을

54 "이 지역 우상숭배자들에겐 또 한 가지 악습이 있다. 사람이 죽으면 화장을 한다. 미망인이 있으면, 그녀는 다른 세계에 가서도 남편과 함께 있어야 한다고 말하면서 산 채로 남편과 함께 불태워 죽인다. 하지만 미망인에게 남편에게서 낳은 아들이 있을 경우, 그녀의 소원에 따라 아들과 함께 살 수 있다"(『오도릭의 동방기행』, 151쪽).

"어떤 사람이 죽으면 속죄한다는 구실로 그의 시신을 태우는데, 이는 그의 몸이 벌레들에게 먹힘으로써 땅속에서 고통을 겪지 않도록 하기 위해서다. 만일 아이가 없을 경우에는 그와 더불어 아내까지 태운다. 이유인즉 이승에서와 마찬가지로 저승에서도 그녀가 남편과 동행함이 당연하기 때문이라고 한다. 하지만 그에게서 낳은 자녀가 있을 경우, 그녀가 원한다면 자녀를 기르며 살 수 있게 허용한다. 그럼에도 자기 남편과 더불어 죽기보다 자식들과 함께 살기를 더 원한다면, 사람들은 그녀를 부정한 여자로 여기며 누구도 그녀를 좋아하지도 믿지도 않으리라고 저주한다. 만일 아내가 남편보다 먼저 죽었을 경우, 남편이 원한다면 사람들은 그녀와 함께 그를 화장한다. 하지만 남편이 원치 않을 경우, 사람들은 남편에게 그렇게 하도록 강요하지 않으며, 그러면 그 남자는 언젠가 다시 결혼을 하더라도 비난을 사거나 흠이 되지 않는다"(『맨더빌 여행기』, 207-208쪽).

추며 불 속으로 들어간다. 사람들은 이런 행동을 한 사람을 가장 훌륭하고 완전한 사람으로 칭송한다.[55]

46. 놀랍게도 남자가 죽은 뒤 시신을 화장할 때 그를 위해 다섯 명의 여자가 불 속으로 들어가서 망자와 함께 죽는 광경을 나는 몇 차례나 직접 목격했다.

47. 또한 인도의 이 지역에는 불을 숭배하는 이교도들[56]이 있다. 이들은 죽은 자의 시신을 묻거나 화장하지 않고 지붕이 없는 어느 탑[57] 가운데에 던져 놓고 하늘의 새들에게 방치한다. 어느 누구도

---

55 "사람이 죽어 그의 시체를 태우고 나면 그의 아내는 그 불에 스스로 몸을 던져 남편과 함께 화장된다. 이렇게 하는 여인들은 사람들로부터 크게 칭송받는다"(『동방견문록』, 448쪽).

56 페르시아 계통의 조로아스터교로부터 영향을 받은 파르시교(Parsi) 신도를 말한다. 이들에 관한 다른 여행기의 기록은 다음과 같다. "태양에 관해서는, 그것이 시간을 변화시키고 열을 주며 지상의 만물에 양분을 주기에, 그것이 그렇듯 매우 이로운 존재이므로 필경 하느님이 다른 어떤 것보다도 그것을 더 사랑하시며, 또한 그 같은 능력으로 말미암아 하느님이 세상에서 가장 높은 가치를 그것에 주셨음을 잘 알고 있노라고 말한다. 그러므로 자신들이 그것을 숭배하고 공경하는 데에는 마땅한 이유가 있다는 것이다. 그들은 다른 행성들과 불을 숭배하는 것에 관해서도 똑같은 이유를 대는데, 즉 이것들이 모두 매우 이로운 존재이기 때문이라는 것이다"(『맨더빌 여행기』, 201쪽).

57 이 탑은 '침묵의 탑'(타크메)이라고 불리는데, 조로아스터교와 파르시교 신도의 장지(葬地)로 이용된다. 조로아스터교 신도들이 있는 곳이면 어디나 이러한 '침묵의 탑'이 있다. 탑 꼭대기에는 조장(鳥葬)을 치르는 넓은 구덩이가 있다. 최초의 계시종교인 조로아스터교에서는 영혼과 육체를 분리하여, 영혼은 영원하지만 육체는 일단 죽으면 불결한 흉물로 변해 신성한 흙이나 물, 불과 접촉할 수 없다고 한다. 그래서 매장이나 화장을 할 수 없으므로, 결국 시신은 땅과 분리된 높은 곳에 얹어 놓고 독수리 같은 새가 뜯어 먹게 해 그 존재를 없애 버려야 한다는 것이다. 앞의 각주 37에서 언급된 이에스트에 이 '침묵의 탑'이 있다. 이에스트의 남쪽 변두리 사막의 나지막한 언덕에 각각 높이 50미터와 70미터쯤 되는 모래 산 두 개가 나란히 마주 보고 있다(『오도릭의 동방기행』, 118쪽).

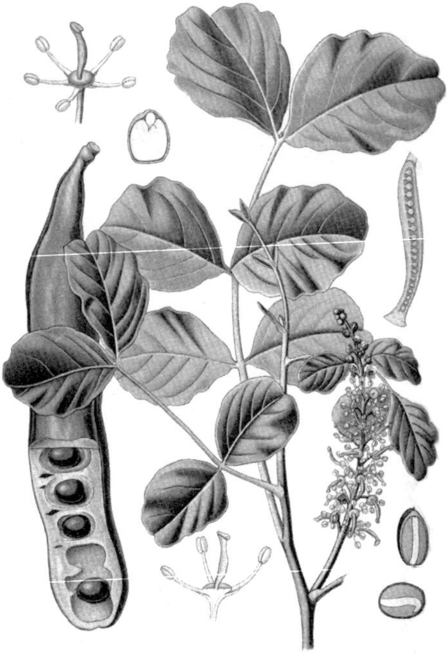

캐롭나무

이 시신을 덮어 줄 수 없다.

48. 이들은 두 가지 주된 원리가 있다고 믿는다. 즉 선과 악, 암흑과 빛이 그것이다. 나에게는 여기서 이에 대해 논의할 의향이 없다.

49. 또한 둠브리[58]라고 불리는 사람들도 있는데, 이들은 죽은 사람이나 시신을 먹으며 어떤 우상도 섬기지 않는다. 이들은 다른 사람들의 일을 해주거나 짐을 날라 준다.

58 둠브리(Dumbri)는 남인도의 '돔라(domra)'라는 최하층을 가리킨다.

육계 열매

50. 이 지역에는 신선한 생강이 엄청나게 많이 자란다.

51. 또한 사탕수수가 많고 캐롭나무[59]는 크고 수효도 많아서 놀랄 정도다.

52. 인도의 이 지역과 관련하여, 정말로 신기한 것들에 대해 말할 수 있지만 시간이 없으므로 기술할 수는 없다. 인도 이 지역의 이곳 저곳에는 육계(肉桂)[60]가 많이 자란다.

53. 인도의 이 지역 사람들은 생활방식이 청결하며, 말을 진실되게 하고, 법을 잘 지킨다. 예로부터 지켜 온 법률에 따라 모든 사람이 자유를 누리고 있다.

54. 이곳은 무척 더운데 외부인에게는 그 더위가 참을 수 없을 정도로 끔찍하여 말로 형언할 수 없다.

55. 인도의 이곳에는 금, 철, 호박금(琥珀金)[61] 이외에 다른 금속은 없

59 캐롭나무는 일명 '초콜릿 트리'로 그 열매는 달콤하다.

60 육계는 인도의 계수나무로서 배변을 도와주는 약용식물이며, 콩깍지 같은 열매가 맺힌다.

61 호박금(electrum)은 은과 금의 합금으로, 서양에서 처음으로 화폐(동전)를 만들 때 사용되었으며, 색깔은 백금색에서 황동색까지 다양하다.

다. 다른 금속이 있다면 그것은 외부에서 들여온 것이다. 생강을 제외하면 후추나 다른 향신료도 없다.

56. 인도의 이 지역에서는 많은 사람들이 우상을 숭배한다. 비록 지배층 대다수는 이슬람교를 믿는 투르크인들이지만 말이다. 이 투르크인들은 물탄[62] 지방을 떠나 원주민에게서 지배권을 순식간에 빼앗아 버렸다. 그리고 우상을 숭배하는 거의 모든 사원과 심지어 수많은 교회까지 파괴해 버렸다. 그리고 이곳에 무하마드를 위한 모스크를 세우고, 자신들의 농장과 건물을 지었다. 듣느니 비통하고, 보느니 고통스러웠다.

57. 이 지역에 있는 이교도들[63]은 자신들의 선지자를 모시고 있는데, 그 선지자는 우리 라틴인들이 전 세계를 정복할 것이라고 말했다고 한다.

58. 이 지역 이곳저곳에는 스스로 기독교도라고 칭하는 사람들이 있다. 그렇지만 이들은 기독교도가 아니며, 세례를 받지도 않았고, 신조(信條, fides)를 전혀 모른다. 게다가 이들은 성 토마스[64]가 그리

---

62 물탄(Multan)은 오늘날 파키스탄의 펀자브(Punjab) 지방에 있는 도시를 말한다. 712년 무하마드 이븐 카심(Muhammad Ibn Qasim)이 점령한 이래 이슬람의 땅이다. 12세기에 이슬람교도들은 이 도시를 기점으로 북인도를 정복하기 시작했다.

63 동방기독교도를 말한다.

64 인도에 포교한 사도로 유명하다. 그는 갈릴래아 출신인 듯하며, 열두 사도 중 한 명이지만 언제 그리고 어디서 사도로 부름을 받았는지는 분명하지 않다. 어쨌든 그는 라자루스가 죽음에서 부활할 때 예수와 함께 있었고(요한의 복음서 11장 16절), 최후의 만찬 때 예수께 "주님, 저희는 주님이 어디로 가시는지 모르는데, 어떻게 그 길을 알겠습니까?"라고 여쭈어서 "나는 길이요 진리요 생명이다. 나를 거치지 않고서는 아무도 아버지께 갈 수 없다."라는 답을 들었다(요한의 복음서 14장 5-6절).

또 부활하신 예수께서 사도들에게 발현하셨다는 말을 믿지 못하고 있을 때 예

스도보다 위대하다고 믿는다.

59. 인도의 이 지역, 바로 이곳에서 나는 거의 3백 명에게 세례를 주고 이들을 신앙으로 이끌었다. 그중에는 우상숭배자나 이슬람교도도 많이 있었다.

60. 우상숭배자들에게 신의 말씀을 전하더라도 위협받지 않으며 우상숭배자들에게 세례를 주는 것도 금지되어 있지 않다는 것을 알려주고 싶다. 이것은 오리엔트 어느 곳에서도, 즉 타타르에서나 인도에서나 혹은 다른 곳에서나 마찬가지다.

61. 이 우상숭배자들은 다음과 같은 방식으로 자신들의 신에게 제례를 바친다. 즉 우상숭배의 신관인 한 남자가 거의 땅에 닿을 정도로 긴 제례복[65]을 입고 그 위에 우리와 비슷하게 흰색 제의[66]

수께서 그에게 다시 나타나시어 "네 손가락으로 내 손을 만져보아라. 또 네 손을 내 옆구리에 넣어보아라. 그리고 의심을 버리고 믿어라." 하고 말씀하셨다(요한의 복음서 20장 24-27절). 이때 그는 "나의 주님, 나의 하느님!"(요한의 복음서 20장 28절)이라고 고백함으로써 그리스도의 신성을 최초로 인정하는 발언을 한 사람이 되었다. 또 예수께서 티베리아스 호숫가에서 나타나셨을 때도 그 현장에 있었다(요한의 복음서 21장 1절 이하).

교회사가 에우세비우스(Eusebius)에 의하면 성 토마스는 나중에 파르티아(Parthia, 고대 이란의 왕국)에서 설교했고, 또 다른 옛 전승에 따르면 그는 인도로 가서 복음을 선포하던 중 순교하여 마드라스(Madras) 교외의 밀라포르(Mylapore)에 묻혔다고 한다. 성 토마스는 건축가의 수호성인으로, 1972년에 교황 바오로 6세에 의해 인도의 사도로 선언되었다. 6세기부터 그의 유물을 에데사(Edessa)로 옮긴 것을 기념하는 축일을 7월 3일에 지내 왔다.

65 원문의 chamisia는 camisia의 다른 표기로서 원래 '긴 셔츠'를 뜻하는 말이다. 그러나 요르다누스는 우상숭배의 신관이 입고 있는 옷을 가톨릭 사제의 제례복에 비추어 설명하고 있으므로 반드시 '긴 셔츠'를 뜻한다고 볼 수는 없다. 다만 뒤이어 제의(planeta)를 긴 셔츠 위에 걸친다고 되어 있으므로 가톨릭 사제에 비유하자면 긴 셔츠는 장백의(長白衣) 또는 중백의(中白衣)라고 할 수 있다. 앙리 코르디에와 크리스

를 걸친다. 그리고 그 뒤를 제례복을 입은 사제가 받침대를 들고 따라와서 그것을 신관 앞에 놓는다. 신관은 발판 위에 무릎을 꿇고, 마치 다리를 움직이지 않은 채로 걷는 것처럼 멀리에서부터 다가간다.[67] 그리고 이 신관은 자신의 팔 위에 2큐빗[68]의 짧은 판을 얹어 놓는다. 그 판은 다양한 종류의 먹을 것으로 가득 차 있고, 그 위쪽에 등잔이 있다. 그리고 우상이 있는 제단까지 기도를 하며 나아가서, 자신들의 방법에 따라 그 앞에 판을 놓는다. 그리

틴 가드라는 단순히 '긴 셔츠(chemise)'로 번역한 데 반해 헨리 율은 의미를 중시하여 '중백의(surplice)'로 번역했다. 중백의란 사제나 부제가 미사 때 제의 안에 입는 발끝까지 내려오는 희고 긴 옷으로, 사제가 미사 때 갖추어야 할 육신과 영혼의 결백을 상징한다.

66 제의(planeta)는 주로 미사를 거행할 때 다른 전례복들 위에 마지막으로 입는 예복으로, 소매 부분이 없는 옷이다. 오랜 시간이 흐르면서 고딕 양식으로 되돌아가려는 관심과 더불어 제의의 형태와 크기도 다양해졌다. 처음에는 아무런 장식을 하지 않고 넓고 유연하게 만들어진 제의는 온몸을 자연스럽게 감쌌는데, 제의의 폭이 좁아지기 시작하면서 여러 가지 형태로 상징적 치장을 했다.

67 신관에 대한 서술은 아니지만 인도의 우상숭배 풍습에 관해 오도릭은 다음과 같이 서술하고 있다. "이 왕국에는 인도의 모든 주들이 대단히 존경하는 기괴한 우상이 하나 있다. 그 우상은 화가가 통상 그리는 성 크리스토퍼 상 만큼이나 큰 순금제상으로서, 역시 금으로 만든 우람한 보좌 위에 정좌하고 있다. […] 기독교도들이 멀리까지 가서 성 베드로를 순례하듯이, 이곳 사람들도 멀고 먼 곳에서 와 이 우상을 향해 기도한다. 기도를 하기 위해 오는 사람들의 행태는 이러하다. 즉, 어떤 사람은 목에 굴레를 쓰고 걸어가고, 어떤 사람은 목에 걸려 있는 판자에 손을 얹고 있다. 그런가 하면 어떤 사람은 팔에 칼을 찌른 채 오다가 우상 앞에 이르러서야 비로소 뽑으니 팔이 만신창이일 수밖에 없다. 또 어떤 사람은 상당히 다른 방법으로 가고 있다. 그들은 집을 나선 후 세 걸음 걷다가 네 번째 걸음에는 온몸을 땅에 대고 궤배(跪拜)를 한다. 그리고 향로를 들고 오면서 궤배의 전 구간에 향을 피운다. 이런 일은 우상에 다가설 때까지 계속된다. 사람들은 가끔 이러한 행태를 취하는데, 그럴 경우에는 많은 시간을 들여야 우상한테 이를 수 있다"(『오도릭의 동방기행』, 152-154쪽).

68 완척(腕尺), 즉 손가락 끝에서 팔꿈치까지의 길이로 약 45센티미터다.

고 제주(祭酒)를 뿌리고, 먹을 것들 중에서 조금 떼어 내서 우상의 손 위에 바친다. 그 다음에 나머지를 나누어 주고, 그중 일부를 자신이 먹는다.

62. 그들은 거의 모든 생명체 각각에 대해 그와 유사한 우상을 만들고,[69] 그 우상들의 맨 위에 자신들과 닮은 신을 만들어 놓았다. 사실 그들은 모든 신들 위에 그들 모두를 창조한 유일하고 전지전능한 신을 두고 있다.[70] 그리고 그들은 세계가 2만 8천 년이 되었다고 믿는다.

63. 인도의 다른 지역과 마찬가지로 이 지역에 사는 사람들은 소를 죽이지 않으며, 자기 부모만큼이나 소를 공경한다. 심지어 몇몇 사람들 혹은 대부분의 사람들은 소를 숭상한다. 이들은 소 한 마리를 죽인 사람보다 다섯 명을 죽인 사람을 더 쉽게 용서한다. 그들은 이렇게 말한다. "자신의 부모를 죽이는 것이 허락되지 않은 것처럼 소를 죽이는 것도 정당하지 않다." 이는 소가 그들이 해야 할 모든 일을 하고, 거기에 더하여 소에게서 우유와 버터,

---

69 이처럼 모든 생명체와 유사한 형상을 만들어 숭배하는 이유에 대해 맨더빌은 다음과 같이 설명한다. "오랜 세월의 경험을 통해서 시험되고 입증된 바대로 어쩌다 만나게 되면 그날 좋은 일이 생기는 그런 것들을 숭배한다. 그들 말로는, 이러한 상서로운 만남은 오로지 하느님의 은총으로 일어날 수 있다고 하며, 그래서 그들이 믿는 이런 것들을 닮은 이미지들을 만들어서, 불길한 것들을 만나기 전에 아침에 제일 먼저 이것들을 들여다보고 숭배한다고 한다"(『맨더빌 여행기』, 202쪽).

70 "그들은 자신들의 신을 반쪽은 소의 형상으로 만들며, 또 한편으로는 인간이 지상에서 가장 고귀한 피조물로서 모든 짐승들에 대해 지배권을 갖는 존재이므로 다른 반쪽은 인간의 형상으로 만든다. 그리하여 그들은 상반신은 인간의 형상으로, 하반신은 소의 형상으로 우상을 만든다"(『맨더빌 여행기』, 201쪽).

그리고 그 밖의 좋은 것을 얻기 때문이다.[71] 우상숭배의 최고 사제는 매일 아침 일어나서 다른 곳으로 가기 전에 자신들 앞에 가장 살찐 암소를 데려오게 하여 그 소 위에 손을 얹는다. 그런 다음 자신들의 얼굴을 문지른다. 이렇게 하면 불행이 닥치지 않는다고 믿는 것이다.[72] 소인도에 대해서는 지금까지 서술한 것으로

---

71 "이 지역 주민들은 여러 우상을 숭배하지만 그중에서도 소를 가장 숭배한다. 그들은 소가 영물이기 때문이라고 말하는데, 나아가 어느 누구도 쇠고기를 먹으려 하지 않고 또 무슨 일이 있어도 소를 도살하지 않으려 한다"(『동방견문록』, 448쪽).

72 "이 지역 사람들은 소야말로 신성한 동물이기 때문에 신으로 숭배한다고 한다. 그들은 소를 6년간 부리고서 일곱 번째 해가 되면 모든 노역에서 해방시켜 준다. 그리고 이제부터는 봉헌되는 신성한 동물이라고 선언하면서 지정된 공공장소에 보낸다. 그들은 다음과 같은 가증스러운 미신을 아직도 지키고 있다. 즉, 매일 아침 금이나 은으로 만든 대야 두 개를 들고 나와서는 소가 외양간에서 끌려 나올 때 그 대야를 소의 몸뚱이 아래 놓는다. 그러곤 하나에는 오줌을, 다른 하나에는 똥을 받는다. 받은 오줌으로는 얼굴을 씻고, 똥은 자신의 몸에 바른다. 먼저 이마 한가운데에 바르고, 다음에는 두 볼에, 마지막으로 가슴 한가운데에 바른다. 이렇게 몸 네 곳에 두루 바르고 나면 그들은 자신이 성결(聖潔)된 것으로 여긴다"(『오도릭의 동방기행』, 150쪽).

"이 나라 사람들은 소의 겸손함과 온순함, 소가 가져다주는 이로움 때문에 소를 숭배한다. 사람들은 소가 지상에서 가장 신성하다고 말하는데, 이는 그들에게 소가 온순하고 참을성 있고 거룩하고 유익하게 보이기 때문이요, 또 그들 말로 소는 그 안에 모든 미덕을 갖추고 있기 때문이다. 그들은 6년이나 7년 동안 소를 부리고 잡아먹는다. 이 나라의 왕은 소를 늘 곁에 둔다. 그 소를 돌보는 사람은 큰 보수를 받고, 매일 소의 똥과 오줌을 금으로 만든 두 개의 용기에 받아서 그날그날 그것을 아르키프로토파파톤(archiprotopapaton, 12세기 중엽에 씌어진 〈요한 사제의 서한〉에서 사제왕 궁정의 고위 성직을 가리키는 말)이라고 불리는 고위 성직자에게 가져간다. 그러면 이 성직자는 그것을 다시 왕 앞에 가져가서 매우 경건하게 그 위에 축복을 빌며, 그러고 나서 왕은 여기서 가울(gaul)이라고 불리는 오줌에 손을 넣어 적시고 이마와 가슴에 찍어 바른 다음 대단히 공경하는 마음으로 똥과 오줌으로 문지르는데, 이렇게 하는 이유는 그 자신이 소의 미덕들로 채워지고 아무런 값어치도 없는 이 성물의 효험에 의해 거룩해지기 위해서다. 왕이 이렇게 하고 나면, 이번에는 대영주들이, 그 다음에는 그들의 신료들이, 그러고도 남은 것이 있다면 그 밖의 다

충분하다. 특히 곤충과 다른 것까지 서술하려면 일 년도 부족할 것이다. 사실 여인과 남자는 검으면 검을수록 아름답다.

른 이들이 똑같이 따라 한다"(『맨더빌 여행기』, 207쪽).

대인도

64. 대인도에 대해서는 사람들이 모두 흑인이라는 점에서 소인도와 같다고 말할 수 있다. 동물들 역시 모두 비슷하지만 코끼리만은 예외다. 이곳에는 코끼리가 많이 있다. 이 동물은 놀랍다. 크기, 무게, 힘, 지능 등에서 지상의 다른 동물들을 능가한다. 이 동물은 커다란 머리와 말보다도 작은 눈을 가지고 있다. 귀는 부엉이나 올빼미 혹은 박쥐의 날개처럼 생겼다. 코는 머리 꼭대기부터 시작해 땅에 닿을 정도로 쭉 뻗어 있다. 어금니 두 개는 밖으로 뻗어 나와 있는데, 놀랄 정도로 크고 굵고 기다란 이 이빨은 위턱에 뿌리를 두고 있다. 이 동물은 말로 명령하지 않으면 어떤 일도 하지 않는다. 즉 주인이 "이것을 하라."고 말하기만 하면 된다. 그래서 야생동물이 아니라 판단력이 있는 동물처럼 보인다.[73] 발은 매우 크고, 소나 낙타처럼 여섯 개의 발톱이 있다. 이 동물은 그 위에 나무로 된 어떤 구조물을 이고 다니는데, 여기에는 서른 명 넘게 탈 수 있다. 이 동물은 매우 유순하며 전쟁을 치르도록 훈련을 받는다. 즉 코끼리 한 마리는 전투에서 5백 명이 넘는 군인과 맞먹는 것으로 계산된다. 왜냐하면 상아에 검과 철퇴를 부착하여 그것으로 공격하기 때문이다. 이 동물이 하는 일은 가공할 만하며, 특히 전투에서 하는 일을 보면 그렇다.

---

73 플리니우스를 참조하라. Plinius, *Natural History*, VII-1.

65. 세상에는 무기로 대항할 수 없는 것이 두 가지 있다. 하나는 하늘의 번개이며, 다른 하나는 기계로 던지는 돌이다. 그런데 이 동물이 세 번째다. 왜냐하면 어떻게 공격하더라도 코끼리에게 타격을 입힐 수 없고 공격을 가하는 것조차 기대할 수 없기 때문이다. 놀라운 일은 코끼리가 주인의 명령에 의해서만 무릎을 꿇거나 드러눕거나 앉거나 가거나 온다는 것이다. 이 동물의 능력을 말하듯이 쉽게 글로 써내려갈 수는 없다.

66. 대인도에는 후추, 생강, 계피, 브레질,[74] 그 밖에 모든 종류의 향신료가 있다.

67. 생강은 갈대와 같은 잎을 가진 식물의 뿌리다.

68. 후추는 향신료 나무의 열매 혹은 씨앗으로서, 담쟁이덩굴처럼 나무 위로 타고 올라가서 산머루처럼 송이를 이룬다. 처음에는 초록색이지만, 익으면서 우리가 보듯이 완전히 까만색이 되고 주름이 생긴다. 긴 후추의 경우도 마찬가지다. 몇몇 사람들이 거짓으로 말하듯이, 후추나무가 있는 곳에 불을 지르거나 볶았다고 믿지 않기를 바란다.[75]

---

74 우리말로 소방(蘇芳)이라 하는데, 콩과의 키 작은 나무에서 추출하는 자주색 염료다. 브라질 국명의 유래가 된 나무이기도 하다.

75 후추와 불의 관계에 대해서 맨더빌은 다음과 같이 설명한다. "어떤 이들의 말에 따르면, 후추를 딸 때면 사람들이 불을 피워서 뱀과 악어들을 쫓아낸다고 한다. 그런데 이렇게 말하는 이들에게는 미안한 이야기지만, 만일 후추가 열린 나무들 주위에서 불을 피우면 다른 것들과 함께 모든 좋은 것들까지 불에 타 말라죽게 될 터인즉, 그들 스스로 큰 화를 자초하게 될 것이며, 그래서 불을 지르는 일 따위는 하지 않을 것이다. 실제로 그들은 이런 짓을 하지 않으며, 오히려 달팽이(혹은 레몬즙)와 여러 가지를 뒤섞어 만든 기름을 손과 발에 바른다. 뱀과 여느 해로운 동물들은 이 기름의 맛을 싫어하고 두려워하기 때문에 그것의 냄새를 맡자마자 달아나게 되고, 그

69. 계피는 커다란 나무의 껍질인데, 그 나무는 정향(丁香)과 비슷한 열매와 꽃을 맺는다.

70. 인도의 이 지역에는 무수히 많은 섬이 있다. 들은 바에 따르면, 1만 개가 넘는 섬에 사람이 살고 있으며,[76] 세상의 수많은 놀라운 것이 그곳에 있다. 실렌[77]이라는 섬에는 세상에서 가장 값나가는 보석이 있다. 그곳에는 모든 종류의 보석이 다 있고 그 양도 엄청나게 많다.

71. 이 섬과 내륙 사이에서 진주 혹은 마르가리타 진주를 채집하는데, 그 양이 너무 많아서 놀랄 정도다. 때때로 8천 척이 넘는 큰 배와 작은 배가 석 달 연속해서 작업하기도 한다.[78] 그 광경은 너무나도 놀라워서 보지 않고서는 믿을 수 없을 것이다.

러면 그들은 안심하고서 열매를 거둬들이고 손질한다"(『맨더빌 여행기』, 205-206쪽).

76 마르코 폴로는 무인도를 포함하여 12,700개의 섬이 인도에 있으며 중국해에는 7,448개의 섬이 있다고 했다. "이 섬이 위치해 있는 이 바다가 '친해(sea of Chin)'라고 불린다는 사실을 알아두어야 할 것이다. […] 지혜로운 안내인과 현명한 선원들의 말에 따르면 그곳에는 7,448개의 섬이 있고 대부분 사람들이 살고 있다고 한다"(『동방견문록』, 422-423쪽).

77 원문에는 Sylem으로 표기되어 있는데, 이것은 뒤에 나오는 Sylen과 같은 것이다. 실렌은 세일론(Ceylon)섬을 말한다. 오늘날 정식 명칭은 스리랑카(Sri Lanka)이다.

78 "이 만(灣)에서 진주를 채취하는데 […] 큰 배와 작은 배를 타고 4월에서 5월 중순 사이에 베탈라라는 지점으로 들어가야 한다. 바다로 60마일 정도 들어가 닻을 내린 뒤 작은 거룻배로 옮겨 탄다. […] 상인들이 고용한 사람들이 거룻배에서 내려 물 속으로 들어가 […] 흔히 굴이라고 부르는 조개를 찾아내는데, 이 굴 안에는 크고 작은 각종 진주가 있다. […] 이런 식으로 채취하는 조개는 그 양이 얼마나 많은지 말로 다 할 수 없을 정도이다"(『동방견문록』, 442-443쪽).

72. 새에 대해 말하자면 이 섬은 다르다고 할 수 있는데, 소인도의 새와는 다른 색깔을 가진 다른 종류의 새들이 살고 있다. 어떤 것들은 눈처럼 새하얗고, 어떤 것들은 진홍색 씨앗처럼 붉은색이며, 어떤 것들은 식물처럼 초록색이며, 어떤 것들은 혼합된 중간색을 가지고 있다. 그 색깔이 너무나 예쁘고 매력적이어서 말로 표현할 수 없다. 앵무새는 종류에 따라 각각 고유한 색깔을 가지고 있는데, 검은색은 없다. 검은색 새는 볼 수 없지만 흰색, 붉은색, 초록색 그리고 혼합된 색깔의 새들은 도처에서 볼 수 있다.[79] 인도의 이 지역에서 새들은 실로 천국의 피조물처럼 보인다.

73. 그리고 앞서 말한 섬에 대해 놀라운 일 하나가 회자되고 있다. 섬에 강이 하나 있고 그 가운데에 나무가 있는데, 이 강물로 씻으면 모든 금속이 금으로 변한다고 한다. 상처 역시 그것이 어떤 상처이든 이 나무의 이파리를 빻아서 붙이면 즉시 낫는다고 한다.[80]

---

79 "여러 종류의 앵무새가 있는데, 발과 부리만 빨갛고 나머지는 모두 눈처럼 하얀 것이 있는가 하면 흰색과 붉은색이 섞인 것도 있다. 모두 정말로 아름답다"(『동방견문록』, 479쪽). 이 인용문에서 볼 수 있듯이 앵무새에 관해서는 요르다누스의 기록이 『동방견문록』보다 더 자세하다.

80 이와 같은 종류의 나무를 '생명의 나무'라고 하는데, 그 당시 여행기들도 공통적으로 언급하고 있는 나무다. 그것이 자라는 곳 또한 모든 여행기에서 자바섬이라고 말하고 있다(Gadrat, p.187).

74. 내가 대인도의 콜룸붐[81]에 있을 때 박쥐와 같은 날개를 가진 고양이[82]를 두 마리나 보았다. 소인도에는 여우만큼 커다란 쥐[83]가 있는데 이들에 의한 피해가 막심하다.

75. 대인도에 있는 어떤 나무는 아주 커다란 나뭇잎을 가지고 있어서 나뭇잎 하나의 그림자 아래에 성인 대여섯 명이 서 있을 수 있다.

76. 앞에서 언급한 실렌섬에는 아주 강력한 왕이 있는데, 그는 이 세상에 있는 모든 종류의 보석을 다 가지고 있다. 너무나 많이 가지고 있어서 믿을 수 없을 정도다. 그 보석 중에는 루비 두 개가 있는데, 하나는 왕의 목에 걸려 있고 다른 하나는 손에 있으며, 그것으로 입술과 수염을 닦는다. 그것은 손가락 네 개의 폭보다 더 크다.[84] 그 루비가 손에 있을 때 각 면이 손가락 굵기보다 굵

---

81 콜룸붐(Columbum)은 '퀼론'으로 오늘날의 '콜람(Kollam)'을 일컫는다.

82 이 동물에 대해 헨리 율은 '날아다니는 다람쥐'라고 했고, 크리스틴 가드라는 '여우원숭이(Lemur)'라고 했다(Gadrat, p. 282). 그러나 여우원숭이는 마다가스카르 고유종이므로 여우원숭이보다는 날아다니는 다람쥐가 더 타당성이 있어 보인다.

83 반디쿠트(Bandicoot) 또는 도깨비쥐(Bandicota indica)를 말한다. 꼬리가 몸 길이보다 약간 짧은 점이 집쥐와 비슷하나, 집쥐보다 훨씬 길고 튼튼하다. 앞다리와 뒷다리는 크고, 앞발의 발톱이 크다. 귀는 둥글고 짧아서 앞으로 접어도 눈에 미치지 못하며, 주둥이 길이는 짧으나 너비는 넓다. 몸의 윗면은 어두운 갈색이고, 아랫면은 연한 색이다. 큰 구멍을 파고 살며, 잡식성이지만 때로는 야생 조류도 잡아먹는다. 인도에서는 인가에 살며 농작물에 큰 피해를 준다고 한다.

84 "이 섬의 국왕은 세상에서 이제까지 본 것 가운데 가장 아름다운 루비를 갖고 있다. 그것이 어떻게 생겼는지 여러분에게 이야기해 주겠다. 그것의 길이는 한 뼘이고 두께는 남자의 팔뚝 정도이다. 보기에도 황홀한 것으로, 아무런 흠집도 없고 불타는 듯한 붉은색이다. 그것은 돈으로는 도저히 살 수 없을 정도의 가치가 있다"(『동방견문록』, 441쪽). 이에 대한 주석에서 김호동은 세일론의 루비가 원대에 중국에도 널리 알려져 있었다고 언급한다.

거나 같아 보인다. 나는 세상에 그처럼 훌륭한 보석은 없으며 그 만큼 값어치 있는 것은 없다고 믿는다.

77. 어느 섬에서는 남자와 여자 할 것 없이 모두 벗고 다닌다. 그리고 모래 알갱이처럼 생긴 금 조각을 화폐로 사용한다. 이들은 옷감을 사서 커튼처럼 만들어서 벽을 가리는 데에 사용하고, 그들 자신의 몸이나 수치스러운 부위를 가리지는 않는다.

78. 자바라고 불리는 아주 커다란 섬이 있는데, 내가 듣기로는 그 둘레가 7천 마일이 넘고 신기한 것들이 많다고 한다.[85] 그 신기한 것들 중에서 아주 좋은 향을 가진 향신료가 으뜸이며,[86] 서너 살 정도의 어린아이 같은 작은 사람들이 있다는 것이 그 다음이다. 이들은 염소처럼 털로 완전히 뒤덮여 있고, 숲에서 살고 있어서 거의 발견되지 않는다.[87]

---

85 마르코 폴로는 자바섬 둘레가 3천 마일이라고 했다. "경험 많은 선원들의 말에 의하면 그곳은 세상에서 가장 큰 섬이라고 하는데, 정말 그 둘레가 3천 마일 이상이나 된다"(『동방견문록』, 427쪽).

86 마르코 폴로는 이 지역을 '소자바(Little Java)'라고 칭하면서 "우리 고장에는 들어온 적도 없는 진귀한 향료들, 즉 침향과 감송과 그 외 여러 종류의 향료"가 나는 곳이라고 했다(『동방견문록』, 430-431쪽).

87 이 난쟁이에 관해 마르코 폴로는 사실이 아니라고 서술하였다. "사람들이 인도에서 난쟁이를 데려왔다고 말하는 것은 완전히 거짓말이고 속임수라는 것이다. 그들이 말하는 그 사람들은 이 섬에서 다음과 같은 방식으로 만들어진다. 사실 이 섬에는 매우 작고 얼굴이 사람과 아주 비슷한 일종의 원숭이가 살고 있는데, 사람들은 그런 원숭이를 붙잡아 '어떤 연고를 써서' 털을 모두 없애고 턱과 가슴에 털을 심는다. '살갗이 마르게 되면 털을 심은 구멍이 쪼그라들어서 마치 자연적으로 자란 털처럼 보이게 된다. 팔다리를 비롯해서 사람의 몸처럼 보이지 않는 부분은 늘이거나 줄여서 억지로 사람과 비슷한 모양으로 만든다.' 그러고 나서 그것들을 말리고 통 속에 넣어 장뇌나 다른 것들을 발라서 사람처럼 보이게 만드는 것이다"(『동방견문록』, 432쪽).

79. 이 섬에는 매우 예쁜 흰색 쥐가 살고 있다. 또한 정향나무도 있는데, 꽃이 피면 그 향기가 너무나 강해서 뭔가를 이용하여 코와 입을 막지 않으면 그 사이를 지나가는 사람은 죽고 만다.

80. 이곳에는 쿠베바,[88] 육두구,[89] 마자루스나무[90] 그리고 다른 종류의 최상급 향신료들이 있지만 후추는 없다.[91]

81. 이 섬의 어느 지역에서는 희고 살찐 사람이 지나가면 잡아서 먹어 치운다.[92]

---

88 쿠베바(cubeba)는 '쿠베브(cubeb)'라고도 한다. 후추속에 속하는 식물로, 자바섬과 수마트라섬에서 주로 재배되기 때문에 '자바 후추'라고 불리기도 한다. 검은 후추와 생김새가 비슷하지만 줄기가 붙어 있는 것이 특징이다. 말린 과피는 주름져 있으며 잿빛 갈색이나 검은색을 띤다. 냄새는 상쾌하고 향기로우며, 맛은 매우 맵고 약간 쓰다. 아라비아, 인도, 유럽 등 세계 여러 지역에서 향신료와 약용으로 쓰였다. 쿠베바(쿠베브)를 약용으로 사용한 것은 유래가 깊어 9세기경에 작성된 『아라비안 나이트』에 그 최음적인 효과가 언급되기도 한다. 하지만 17세기 포르투갈의 국왕이 검은 후추의 판매량을 늘릴 목적으로 쿠베바의 판매를 금지한 뒤 차츰 잊혀져 현재 쿠베바를 음식의 조미료로 쓰는 곳은 인도네시아와 아프리카뿐이다.

89 육두구는 육두구나무의 씨앗이다. 육두구나무의 열매는 둥글고 세로로 고랑이 있으며, 익으면 두 조각으로 갈라져 씨를 토한다. 원산지는 말레이반도의 반타섬이며 향신료 중에서 최상품에 속한다. 10세기 전후에 아랍 상인들을 통해 유럽에 알려진 후 13-14세기에 수요가 폭발적으로 증가하는데, 이는 육두구와 정향이 강력한 방부제일 뿐만 아니라, 염장한 생선과 육류 요리에도 최상의 조미료였기 때문이다(『오도릭의 동방기행』, 211쪽).

90 마자루스나무는 얼룩덜룩한 결이 있는 나무를 말한다.

91 "그곳(자바)에는 후추, 육두구, 감송, 방동사니, 쿠베브, 정향나무 등 세상에서 찾아볼 수 없는 각종 진귀한 향료들이 있다"(『동방견문록』, 427쪽).

92 요르다누스의 서술과는 달리 식인 관습에 대해 마르코 폴로는 두 가지 측면이 있다고 말한다. "(다그로얀 왕국) 주민들은 남자든 여자든 병에 걸리면 그의 친척이 마술사('주술사'가 적합할 듯하다)를 불러와 병자가 분명히 나을 수 있는지 어떤지를 보게 한다. 이 마술사가 마술과 우상을 통해서 그가 나을지 죽을지를 알아내면, 그들은 사람을 불러서 병자의 목을 누르고 그 입에 무엇인가를 넣어서 숨이 막혀 죽게 만든다. 그가 죽으면 그를 요리해 친척들이 모두 모여서 먹는다. 여러분에게 말

82. 이곳 대인도와 섬들의 모든 사람들은 피부가 검고, 허리 위쪽과 무릎 아래로는 벌거벗고 다니며, 신발을 신지 않는다. 이곳의 왕들은 다른 사람과 다른데, 그들은 팔에 금과 은으로 된 팔찌를 끼고 목에는 금목걸이를 걸고 있으며 수많은 귀중한 보석으로 치장하고 있다.[93]

83. 대인도에서는 대왕이나 대공 혹은 제후의 적자(嫡子)가 아버지의 재산을 상속하지 않고 누이의 아들이 상속한다.[94] 그들이 이렇게 하는 이유는 다음과 같다. 아내와 부인이 다른 사람의 아이를 임신하거나 출산할 수 있기 때문에 결혼한 사이에서 낳은 아들이

하지만 그들은 뼛속에 있는 골수까지 모두 먹어 치운다. 그들이 이렇게 하는 것은 그의 어떤 작은 것이라도 남지 않기를 바라기 때문인데, 만약 어떤 물질이 남게 되면 그 물질은 벌레로 변해서 먹을 것도 구하지 못한 채 죽어 버린다고 말한다. 또한 그들은 이 벌레들의 시체에 의해 죽은 사람의 영혼이 크게 해를 입게 될 것이며 그것은 죄를 범하는 결과가 된다고 생각한다. 그의 물질에서 생겨 나온 수많은 생명들이 죽어버리기 때문이다. 그래서 그를 모두 먹어 치우는 것이라고 말한다. 그들은 그를 모두 먹어 버린 뒤 아름다운 상자 안에 뼈를 넣어서 어떤 짐승이나 나쁜 것들이 건드릴 수 없는 산 속의 커다란 동굴 안으로 옮겨 걸어 놓는다"(『동방견문록』, 435쪽). 그러므로 식인이라는 것이 그들의 우상숭배와 관련 있는 것처럼 이야기한다. 그러나 뒤이어 요르다누스의 서술과 같이 무작정 먹어 치우는 경우도 이야기하고 있다. "만약 그들은 자기 고장 출신이 아닌 사람을 붙잡아 몸값을 받아내지 못하면 그를 곧바로 죽여서 먹어 치울 것이다"(『동방견문록』, 435쪽).

93 "이 마아바르 지방 전역에서는 사람들이 1년 내내 벌거벗고 […] 사철 내내 날씨가 따뜻하고, 춥지도 덥지도 않기 때문에 항상 알몸으로 다니는 것이다. 다만 국부만큼은 조그만 천으로 가리고 있으며, 왕도 다른 사람처럼 하고 다니지만 다음과 같은 것을 달고 있다는 점이 다르다. 즉, 그들의 왕은 예쁜 천으로 국부를 가린 채, 목에는 보석으로 잔뜩 장식한 목걸이를 차고 있다. […] 왕은 팔 세 군데에 금으로 된 팔찌를 차는데 모두 크고 값비싼 보석과 진주로 장식되어 있다는 것이다. 또한 다리에도 세 군데에 값진 진주와 보석으로 장식된 금으로 된 고리를 차고 있다"(『동방견문록』, 443-444쪽).

94 실제로 남인도에 이런 관습이 있다고 한다.

자신의 아들인지 확실하지 않은 반면, 누이의 경우 남자가 누구든지 누이의 배에서 낳았고 그 결과 그의 피를 물려받은 것이 틀림없으므로 누이의 아들은 자신들의 혈통이 확실하기 때문이다.

84. 이곳 대인도에서 많은 사람들이 다음과 같은 방법으로 우상에게 스스로를 바친다. 그들은 아프거나 심각한 상황에 처하면 거기서 벗어날 수 있도록 우상에게 서원을 한다. 그렇게 해서 회복하게 되면 그들은 그 후 한두 해 동안 기름진 음식을 먹고 마시며 자신을 살찌운다. 그리고 축제 때가 되면 꽃과 향유로 장식하고 흰색 왕관을 쓴 채 우상 앞으로 나아간다. 우리가 풍년 기원 삼일미사[95]를 바칠 때 성모 마리아 상을 모시고 하는 것처럼, 이들도 우상을 모시고 여러 지역을 돌아다니는데, 그때 이들은 우상 앞에서 노래하며 춤을 춘다. 우상에게 자신을 바치고자 하는 이 사람들은 가죽을 손질하는 것과 같이 생긴 손잡이 두 개가 달린 칼 한 자루를 지니고 있다. 그들은 충분히 과시한 다음, 그 칼을 목 뒤에 대고 아주 힘껏 벤다. 그리고 그것을 두 손으로 힘껏 당김으로써 우상 앞에서 자신의 머리를 절단한다.[96]

---

95 삼일미사는 삼천기도(三天祈禱)라고도 하며, 예수승천 대축일(大祝日) 전 3일 동안 풍년, 재난 회피, 기우 등 특별한 기원을 외치며 기도하는 것을 말한다. 1969년 전례 개혁 이후 삼천기도일은 인류의 빈곤과 땅의 과일과 수공업을 위한 기도 기간으로 대체되었다. 그러나 2007년 교황 베네딕투스 16세가 오래된 전례를 장려한 이래 다시 지켜지는 경향이 있다.

96 이와 같은 살신공양에 대해서는 마르코 폴로와 오도리코, 그리고 맨더빌 역시 기록하고 있지만 내용은 조금씩 다르다. 마르코 폴로는 우상 앞에서 칼로 자살하는 사람이 죄를 지어 처형을 받게 된 사람이며, 그마저도 군주가 허락을 해야 가능하다고 말한다. "친척과 친구들은 그를 의자에 앉히고 그에게 칼 열두 개를 준 뒤, 시내 온 거리를 데리고 다니면서 […] 형이 집행될 장소에 도착한다. […] 칼 하나로 팔

85. 이곳 대인도의 내가 있던 곳에서는 낮과 밤의 길이가 거의 일 년 내내 똑같다. 어느 때에도 낮이 밤보다, 혹은 밤이 낮보다 한 시간 이상 길어지지 않는다.

가운데를 찌르고 다른 칼로 다른 팔을 찌른다. 그리고 또 다른 칼을 집어들어 배꼽 한가운데를 찌른다"(『동방견문록』, 447쪽).

이와 달리 오도리코의 책에는 죄인이라는 내용은 없다. "어떤 사람이 와서 '나는 나의 신을 위해 기꺼이 헌신하려고 한다'라고 하면 [⋯] 그의 목에 서슬이 시퍼런 칼 다섯 자루를 걸어놓은 채 큰소리로 노래를 부르면서 그를 끌고 우상에게로 간다. [⋯] 그는 칼 가는 대로 살 한 점을 베어 우상 앞에 던진다. 끝내 그는 그곳에서 자결하고 만다"(『오도릭의 동방기행』, 155쪽).

오도리코는 칼로 자살하는 사람 외에도 축제 때 만들어지는 꽃수레의 바퀴 아래로 몸을 던지는 경우도 언급하고 있다. 이처럼 바퀴 아래로 몸을 던지는 것은 크리슈나 신상(神像)에 대한 힌두교도의 숭배를 묘사한 것으로 생각된다. "사람들은 매우 공손하게 그 우상을 보좌에 앉힌 다음 성대하게 도시 주위를 빙 돈다. 그 보좌 앞으로 그 나라의 모든 처녀들이 둘씩 짝을 지어 가지런히 행진하고, 순례자들의 행렬이 그 뒤를 잇는다. 개중에는 스스로 그 보좌의 바퀴 밑에 깔려 그 자리에서 숨을 거두는 사람들도 있다. 또 어떤 이들은 팔과 다리를, 어떤 이들은 갈비뼈를 부러뜨리는데, 이는 다 그들의 신을 사랑하는 크나큰 신심에서 우러나온 행위이다. 덧붙이자면, 예의 보좌 앞에 갖가지 악기를 든 그 나라의 수많은 가인(歌人)들이 모두 줄지어 가면서 그들이 만들어 낼 수 있는 모든 선율을 선사한다. 행렬이 도시를 한 바퀴 돌고 나면 수도원으로 돌아와서 우상을 제자리에 다시 모셔 둔다. 그러고 나서는 우상에 대한 사랑과 숭경, 그 축제에 대한 경의를 표하기 위해 그들 가운데 200명 또는 300명이 예리한 칼로 자결하면 사람들은 이들의 시신을 우상 앞으로 옮긴 다음 우상에 대한 사랑으로 말미암아 그들 자신의 선한 의지로 스스로 목숨을 끊었으므로 그들은 성인이라고 선언한다. [⋯] 이곳의 관습에서는, 신에 대한 사랑으로 스스로 목숨을 끊을 만큼 신심이 깊고 이를 실행하려는 뜻이 있을 때는 모든 친구와 많은 가인들을 불러 모은다. 그리고 이들은 신심이 복받쳐서 스스로 목숨을 끊으려는 사람을 따라서 모두 함께 엄숙히 우상 앞으로 간다. 그러면 그 사람은 완전히 발가벗은 채로 손에는 매우 날카로운 칼을 쥐고 자신의 살을 큼직하게 도려낸 다음 그의 신에게 기도를 올리고 가호를 빌면서 그 살덩어리를 우상의 면전에 던지며, 쓰러져 죽을 때까지 온몸을 난도질하여 여기저기 깊은 상처를 낸다. [⋯] 이렇게 하고 나서 큰 불을 피워 그의 몸을 태우고⋯"(『맨더빌 여행기』, 211-214쪽).

86. 대인도에서 태양은 여섯 달 동안 남쪽을 향하면서 북쪽으로 그림자를 만든다. 그리고 나머지 여섯 달은 북쪽을 향하면서 남쪽으로 그림자를 만든다.

87. 이곳 인도에서는 북극성이 매우 낮게 떠 있다. 어느 정도인가 하면 내가 있던 곳에서는 지평선이나 수평선 위로 손가락 두 개의 폭 정도도 떨어져 있지 않았다.[97]

88. 내가 제대로 본 것이라면, 그곳에서는 밤이 우리 지역보다 네 배나 밝다. 달이 뜨지 않고 하늘이 맑을 때도 그렇다.

89. 내가 틀리지 않았다면, 이곳에서는 저녁부터 아침까지 모든 별을 다 볼 수 있다. 여기서는 눈으로 별빛을 볼 수 있어서 밤에 하늘을 바라보는 것이 즐거운 일이다.

90. 앞서 말한 지역에서는 남쪽과 동쪽 사이에서 붉은빛을 띤 커다란 별이 지속적으로 보이는데, 그 별을 카노푸스[98]라고 부른다. 우리 지역에서는 이 별을 볼 수 없다.

91. 이곳은 하늘에서 놀라운 일이 많아서 천문학자들에게는 즐거운 곳이다.

---

97 "코마리(Comari)는 인도의 한 지방으로, 자바섬 이후 볼 수 없었던 북극성이 조금 보이기 시작하는 곳이다. 이곳에서 30마일 정도 바다로 가면 북극성이 수면에서 1구(goue)쯤 떠올라 있는 것을 볼 수 있다"(『동방견문록』, 480쪽). 여기서 '코마리'는 인도 남단의 '코모린(Comorin) 곶'을 가리킨다. 1구는 1큐빗(약 45센티미터)과 같다.

98 카노푸스(Canopus)는 시리우스 다음으로 밝은 별로, 겨울철 남쪽 하늘에서 낮게 빛난다. 카노푸스는 그리스 신화의 트로이 용사 중 한 사람이다.

92. 대인도와 소인도에서 바다로부터 멀리 떨어져서 지하나 숲속에 사는 사람들은 모두 지옥에 있는 것과 같다. 바닷가에 살고 있는 사람들과 달리 이들은 먹지도, 마시지도, 입지도 않는다.

93. 이곳에는 세상의 모든 색깔을 가진 커다란 뱀들이 너무도 많다. 무척 놀라운 점은 사람들이 먼저 공격하지 않으면 이 뱀들은 결코 혹은 거의 해를 끼치지 않는다는 것이다.

94. 이곳에는 커다란 거미를 발견하여 죽이는 것을 일삼는 말벌이 있다. 이 말벌들은 거미를 죽인 다음, 모래밭에 미리 만들어 놓은 작은 구멍 속에 넣고 덮어 버린다. 그러면 이 세상의 어느 누구도 그것을 알아차리거나 그 장소를 발견할 수 없다.

95. 또 이곳에는 아주 작은 종류의 개미가 살고 있는데 그 개미는 흰색 양모와도 같다.[99] 그 개미의 이빨은 어찌나 단단한지 나무를 파먹거나 돌의 혈맥[100]을 갉아먹을 정도다. 한마디로 지상에서 그들이 마주치는 것들 중에서 수분이 없는 것은 모조리 먹어치운다. 또한 양모나 면으로 된 천을 찢어 버린다. 그리고 이 개미들은 아주 고운 모래로 성벽과도 같은 껍질을 만드는데, 이 껍질은 햇빛이 닿지 않도록 하여 지붕과 같은 역할을 한다. 만약 이 껍질이 약해져서 햇빛이 비치면 그들은 즉시 죽고 만다.

96. 곤충들은 너무도 많고 신기해서 말로 다 할 수 없다.

---

99 흰개미를 가리킨다(Gadrat, p.285).

100 바위나 돌 사이에 생기는 미네랄의 결정체를 말하는데, 이런 결정체가 핏줄처럼 이어져 생기므로 '돌의 혈맥(venas lapidum)'이라고 한다.

97. 이곳 대인도에는 솔개와 같은 새가 있는데, 머리와 배는 흰색이고 그 위[101]는 완전히 빨간색이다. 이 새는 어부나 다른 사람들처럼 날렵하게 물고기를 잡아서 개처럼 물고 간다.

98. 솔개와는 다른 커다란 새도 있는데, 이 새는 밤에 혼자 날면서 마치 사람이 깊은 곳에서부터 울음을 토해내듯이 밤새 소리를 지른다.

99. 또 무엇에 대해 이야기할까? 이곳에서는 악마가 밤에 종종 혹은 자주 사람에게 말을 건다고 들었다. 이곳 대인도는 신기한 것들로 가득 차 있어서 실로 다른 세상이라고 할 수 있다.

100. 이 대인도의 한 지역은 참파[102]라고 불린다. 이곳에서는 말, 당나귀, 노새 그리고 낙타를 대신하여 코끼리를 데리고 모든 일을 한다.

---

101 등쪽을 말하는 듯하다.

102 말레이폴리네시아계 혈통의 참족이 192년에 베트남 중부 해안 지역에 세운 참파국을 말한다. 이를 지칭하는 이름은 Cinba, Cianba, Cianban, Ziamba, Sanf, Camba, 占八 등 다양하다. 시기적으로는 2세기부터 17세기까지 존속했으며, 지리적으로는 인도차이나반도의 북위 18도 이남에서 케가 곶 사이에 위치해 있었다. 참파국에 대한 간략한 역사는 정수일의 역주를 참고하라(『오도릭의 동방기행』, 213-217쪽).

"차이톤을 떠나서 이 만을 곧바로 가로질러 항해하면서 1,500마일을 가면 참바라고 불리는 매우 풍요롭고 큰 나라에 도착하게 된다"(『동방견문록』, 425쪽).

"이 왕국(탈라마신)에서부터 여러 날의 여정 거리가 되는 곳에 점파라고 하는 다른 왕국이 있다. 아주 아름답고 식량이 넉넉하며, 좋다는 물건은 죄다 있는 고장이다"(『오도릭의 동방기행』, 162쪽).

101. 놀라운 점은 코끼리들이 숲에서 서로 전투를 벌인다는 것이다. 때때로 백 마리 대 백 마리, 혹은 그보다 적거나 많은 수가 가장 크고 힘세며 용감한 녀석을 앞세우고 서로 번갈아 가며 공격한다. 이런 전투가 좁은 공간에서 벌어지므로 40-50마리, 또는 그보다 많거나 적은 수의 코끼리가 죽거나 부상당한 채 한 장소에 남게 된다. 한 가지 놀라운 사실은 패배한 쪽은 그 이후에는 결코 전투에 응하지 않으며 벌판에도 나타나지 않는다는 것이다.

102. 이 동물은 상아 때문에 살아 있을 때뿐 아니라 죽은 뒤에도 가치가 있다. 그러나 크기가 작을 때는 포획하지 않고 완전히 자랐을 때만 포획한다.

103. 사람들은 기묘한 방법으로 코끼리를 잡는다. 튼튼한 사각형 벽을 여러 겹 만들고 이 벽에 많은 문을 만드는데, 문은 아주 단단한 나무로 들어 올릴 수 있도록 만든다. 사람들은 훈련된 암컷 코끼리를 데리고 코끼리가 먹이를 구하기 위해 찾아 오는 장소에 가까이 간다. 그리고 암컷 코끼리에게 포획의 목표로 삼은 코끼리를 보여 주고 주인에게 데려오도록 명령하면 암컷 코끼리는 그 코끼리에게 다가가서 비벼대며 핥는다. 암컷 코끼리가 그 코끼리를 데려와서 첫 번째 문으로 들어오면 문지기는 재빨리 문을 닫는다. 그런 다음 코끼리가 몸을 돌려서 다른 문으로 들어가는 즉시 첫 번째 문과 마찬가지로 두 번째 문도 닫는다. 이렇게 하면 코끼리가 두 개의 문 사이에 갇히게 된다. 그 다음에 검은색이나 붉은색 옷을 입고 얼굴에 화장을 한 사람이 와서 코끼리 위에서 심하게 매질을 하며 강도에게 소리 지르듯이 코끼리에게 소리를 지른다. 이렇게 5-6일 동안 반복한다. 그동

안에는 코끼리에게 마실 것이나 먹을 것을 주지 않는다. 그러고 나서 다른 사람이 얼굴을 가리지 않은 채 다른 옷을 입고 와서 코끼리를 때리는 척하고 쫓아내서 도망치도록 내버려 둔다. 그런 다음 코끼리가 있는 곳으로 가서 코끼리에게 말하고, 긴 막대기로 코끼리를 깨끗하게 씻고 닦아 주며 먹을 것을 준다. 이와 같은 일을 열흘에서 보름 동안 한다. 이런 방법으로 코끼리에게 조금씩 접근한 다음, 다른 코끼리에 묶어 놓는다. 이렇게 하여 20일 안에 코끼리가 그를 알아보고 명령을 수행하는 훈련을 받을 수 있게 만드는 것이다.

104. 대인도의 왕 중에서 열두 명이 넘는 왕들이 우상을 숭배한다. 그 중 한 강력한 왕의 왕국에서는 후추가 생산된다. 그곳은 몰레바르[103] 라고 한다. 또한 싱길리[104] 라는 왕국도 있고 콜룸붐이라는 왕국도 있는데, 콜룸붐에서는 왕을 링구아[105] 라고 부른다. 그리

---

103 몰레바르(Molebar)는 인도 남서부의 말라바르(Malabar, 無離拔)를 말한다. 오도리코의 여행기에는 Minibar로 표기되어 있으며 다음과 같이 기록되어 있다. "이 나라 말곤 세계 어디에서도 생산되는 곳이 없다. 후추가 자라는 숲이 어찌나 넓은지, 둘러보는 데 18일이나 걸린다. […] 숲속에는 두 개의 도시가 있다. 하나는 플란드리나라고 하고 다른 하나는 신길린이라고 한다"(『오도릭의 동방기행』, 147-148쪽).

104 싱길리(Synguyli)는 남인도 서부의 크랑가노르(Cranganor)임에 틀림없다. 오도리코는 Cyngilin으로 표기했다. 마리놀리는 Cynkali, 아랍 지리학자인 아불 피다(Abu'l Fida)의 『제국 안내 목록(Taqwim al-Buldan)』에는 Shinkala 혹은 Shinkali로, 『원사(元史)』에는 僧急里로 음사되어 있다. 이 기록들을 종합해 보면 오늘날 코지코드와 퀼론 사이에 자리한 지역으로, 일설에는 코지코드 남방 100킬로미터 지점이라고도 한다(『오도릭의 동방기행』, 197쪽의 주 42 참조).

105 링구아(Lingua)는 힌두어 linga에서 파생된 것으로 추정된다. 인도에서 linga는 시바(Siva) 신의 상징인 남성 성기를 가리킨다.

고 모하바르[106]라는 왕국도 있다. 몰레파탐[107] 왕도 있는데 그의 왕국은 몰레포르[108]라고도 불린다. 이 왕국에서는 진주가 끝도 없이 채취된다. 실렌섬에는 다른 위대한 왕이 있으며 보석도 많이 있다. 자바섬에는 서너 명의 왕이 있고, 그곳에서는 질 좋은 후추가 생산된다. 그리고 매우 강력하고 위대한 텔렝크[109] 왕을 비롯하여 다른 왕들도 있다. 텔렝크 왕국은 인도의 다른 지역들보다 밀, 쌀, 설탕, 밀랍, 꿀, 조,[110] 콩,[111] 양, 염소, 물소, 소, 우유, 버터, 다양한 기름, 그리고 수많은 품질 좋은 과일들이 풍부하다. 그리고 마라타[112]라는 아주 큰 왕국이 있는데, 이 왕국의 왕

---

106 아랍어 Ma'abar에서 온 말로, 인도의 퀼론에서 코로만델(Coromandel)에 이르는 해안을 말한다(Gadrat, p.286).

107 몰레파탐(Molephatam)이라는 지명은 요르다누스와 관련된 두 종류의 문헌에만 등장한다. 하나는 교황 요한 22세에게 보낸 편지이며 다른 하나가 바로 이 책이다. 이곳은 아마도 오늘날 인도의 안드라프라데시에 있는 항구도시 마실리파트남(Machilipatnam)을 가리키는 것으로 생각된다(Gadrat, p. 286; Cordier, p. 84).

108 몰레포르(Molepor)는 오늘날 인도 동부 마드라스 부근의 밀라포르(Mylapore)이다(Gadrat, p.286).

109 텔렝크(Telenc)는 텔링가나(Telingana)의 옛 이름으로, 인도 동부 안드라프라데시의 동부 지역과 오리사 남부 지역을 말한다.

110 원문에는 melica로 표기되어 있다. 이에 대해 크리스틴 가드라는 '조(millet) 또는 메밀(blé sarazin)의 일종'으로 번역했으나, 헨리 율은 '벌집(honeycomb)', 앙리 코르디에는 '새싹(pousse)'으로 옮겼다(Gadrat, p.287; Yule, p.41; Cordier, p.85). 뒤캉주(Du Cange)의 『중세 라틴어 용례사전』에는 가드라의 용례가 나와 있다.

111 헨리 율과 앙리 코르디에 모두 '계란'으로 번역했다(Yule, p.41; Cordier, p.85). 이는 원문 ovibus의 원형을 ovum(계란)으로 착각한 결과인데, ovibus는 ovis(콩류 식물)의 변화형이다.

112 마라타(Maratha)는 인도-아리안 종족의 하위 종족으로 17-18세기에 걸쳐 파키스탄에서 인도 동부 오리사에 이르는 광대한 왕국을 건설했다.

바티갈라[113]는 이슬람교도다. 이 외에도 참파에는 수많은 왕들이 있다.

105. 더 이상 무슨 이야기를 할 수 있을까? 이 대인도의 광대함은 독자들에게 설명할 수 없을 정도다. 대인도와 소인도에 대해서는 이 정도면 충분히 말한 셈이다.

113 원문의 Batigala는 인도 남서부의 '밧칼(Bhatkal)'을 가리키는 Baticala의 잘못된 표기일 것으로 생각된다.

제3인도

106. 이제 제3인도에 대해 이야기할 차례다. 그러나 나는 그곳에 가본 적이 없기 때문에 보지 않은 것을 이야기할 것이다. 그러나 믿을 만한 사람에게서 그곳에 신기한 것이 많다고 들었다. 무엇보다 그곳에는 용이 많이 있다. 용의 머리 위에는 석류석(카벙클)[114]이라고 불리는 빛나는 보석이 있다. 이 동물은 금모래 위에 자리를 잡고 있는데, 충분히 성장하면 악취를 풍기고 입에서 해로운 증기를 내뿜는다. 그 증기는 불에서 나오는 커다란 연기와도 같다. 이 동물은 정해진 시간이 되면 함께 모여서 날개를 펼치고 공중으로 날아오르기 시작한다. 그러나 이들은 몸이 무겁기 때문에 낙원에서 흘러나오는 강물에 떨어져 죽고 만다. 이는 신의 심판이라고 할 수 있다.

107. 모든 지역에서는 항상 용의 활동 시간을 기다리고 있다. 70일 동안 기다렸다가 용 한 마리가 떨어지는 것을 보면 내려가서 용의 뼈를 찾아서 살점을 벗겨낸다. 그리고 머리뼈에 붙어 있는 석류석을 빼내서 그것을 사제왕 요한이라고 불리는 에티오피아의 황제에게 가져다준다.

---

114 붉은빛을 띠는 보석으로, 1월의 탄생석이다. '가넷'이라고도 한다.

108. 제3인도에는 로크[115]라는 새가 있다. 이 새는 엄청나게 커서 코끼리를 손쉽게 공중으로 들어올린다. 이 새를 직접 본 어떤 사람이 날개 하나가 80뼘이나 된다고 말하는 것을 들었다.[116]

---

115 전설상의 새인 로크(Roc)는 그리폰(Gryphon)과 같은 것으로 생각된다. 그리폰은 사자의 몸통에 독수리의 머리와 날개, 앞발을 가졌다는 전설의 동물이며 그리핀, 그리펜 등으로도 불린다.

"남쪽에 위치한 다른 섬들에는 그리폰이 있는데 그 새는 1년 중 특정한 계절에만 그곳에 나타난다고 한다. 우리는 그것이 반은 새이고 반은 사자라고 하지만, 그것을 직접 본 사람들의 말에 따르면 반은 새이고 반은 사자 모습이 아니라고 한다. 그것은 꼭 독수리처럼 생겼는데, 다만 그 크기가 엄청나게 크다는 것이다. [···] 그 섬에 사는 주민들은 그것을 루크(ruc)라고 부르지 다른 이름으로는 부르지 않으며, 그리폰이 무엇인지 알지도 못한다. 그러나 그들이 그 새에 관해 이야기할 때 크기가 얼마나 되는지를 생각해 보면 그리폰임에 틀림없다"(『동방견문록』, 495-497쪽).

맨더빌 역시 바카리아(박트리아)에 그리폰(그리핀)이 있다고 말한다. "이 나라(박트리아)에는 다른 어떤 나라보다도 그리핀이 많다. 사람들은 그리핀이 상체는 독수리 형상에 하체는 사자 형상이라고 하는데 [···] 그리핀 한 마리는 이 나라들에 서식하는 사자 여덟 마리보다도 강하고 몸집도 훨씬 크다. 그리고 이쪽 세계에 서식하는 독수리 1백 마리보다 더 크고 힘도 세다. 그리핀은 커다란 말 한 마리를 들고 둥지로 날아갈 수 있다. 멍에에 함께 묶여 쟁기질을 하는 소 두 마리를 그렇게 할 수도 있다. 그것들의 발에는 마치 큰 소의 뿔처럼 아주 길고 큰 발톱이 있어서, 사람들은 그것으로 들고 마실 수 있는 잔을 만든다. 또 날개의 뼈와 깃털로는 화살을 쏘는 아주 튼튼한 활을 만든다"(『맨더빌 여행기』, 302쪽).

그리폰에 대한 이런 이미지는 이시도루스의 『어원』에도 나와 있다. "그리폰, 즉 라틴어 복수형인 'grypes'가 그런 이름을 갖고 있는 이유는 깃털(아마도 '학(鶴)'이라는 뜻의 'grus'에서 왔을 것이다)과 네 개의 다리(라틴어로 다리를 뜻하는 'pes')를 가지고 있기 때문이다. 이 야수는 봄이 계속되는 나라의 산지에서 태어났다. 이 동물은 사자의 몸통을 가지고 있지만 날개와 얼굴은 독수리와 같다. 이들은 말에 대해서 매우 적대적이다. 또한 이 동물은 인간을 보면 갈가리 찢어 버린다"(Isidore of Seville, *The Etymologies of Isidore of Seille*, translated by Stephen A. Barney et al., New York: Cambridge University Press, 2006, Book XII, ii. De bestiis, 17). 이 부분은 『맨더빌 여행기』에도 번역되어 있으나, 12권이 7권으로 잘못 기록되어 있다.

116 "그들(섬주민) 말에 따르면 그것은 얼마나 크고 힘이 센지, 코끼리를 집어서 하늘

로크(그리폰)

109. 이 인도에는 진짜 유니콘이 있다. 그 크기는 말과 비슷하고 이마에 뿔이 있으나, 하나뿐인 뿔은 커다랗고 뾰쪽하기는 하지만 짧고 단단하며 골수가 차 있다. 이 동물은 아주 사나워서 코끼리를 죽일 수 있다고 한다. 처녀성을 가진 여자아이가 아니면 이 동물을 잡을 수 없다. 이 동물의 사지는 실로 힘이 있으며 약

높이 날아올랐다가 땅에 떨어뜨려 코끼리를 박살낸 다음 그것을 배불리 뜯어먹는다고 한다. 그것을 본 사람들의 얘기에 의하면 날개를 펴면 30보, 깃털의 길이는 12보나 되고 두께도 그 길이에 걸맞은 정도라고 한다"(『동방견문록』, 496쪽).

효가 훌륭하다.

110. 이곳에는 다양한 다른 동물들도 있다. 어떤 동물은 고양이와 비슷한데 그 동물의 땀은 지상의 다른 모든 냄새를 능가하는 좋은 냄새를 풍긴다.[117] 그래서 사람들은 그 냄새를 다음과 같은 방법으로 채집한다. 그 동물은 땀이 나면 몸을 나무에 문지르는데, 이 땀이 나무에 스며들면 사람들이 이것을 채집해 간다.

111. 제3인도와 에티오피아 사이의 지역 중에서 동쪽 편에 지상의 낙원이 있다고 한다. 그 지역에는 낙원에서 발원한 네 줄기의 강이 흘러나온다.[118] 이 강에는 최상급 품질의 금과 귀금속이 아주

---

117 이 동물은 사향고양이를 말한다.

118 "에덴에서 강 하나가 흘러나와 그 동산을 적신 다음 네 줄기로 갈라졌다. 첫째 강줄기의 이름은 비손이라 하는데, 은과 금이 나는 하윌라 땅을 돌아 흐르고 있었다. 그 땅은 좋은 금뿐 아니라 브돌라라는 향료와 홍옥수 같은 보석이 나는 곳이었다. 둘째 강줄기의 이름은 기혼이라 하는데, 구스 온 땅을 돌아 흐르고 있었다. 셋째 강줄기의 이름은 티그리스라 하는데, 아시리아 동쪽으로 흐르고 있었고, 넷째 강줄기의 이름은 유프라테스라고 하였다"(창세기 2장 10-14절).

그런데 맨더빌에 따르면 이 강은 낙원 한가운데에 있는 샘에서 발원하여 처음에는 땅 밑으로 들어가 한참을 흐른다고 한다. "낙원에서도 제일 높은 곳, 바로 한복판에서 여러 땅으로 흘러가는 네 개의 강이 솟아나오는 샘이 있다. 이 네 개의 강 가운데 첫 번째 강은 비손 또는 갠지스로 불리며, 인도 또는 엠라크(Emlak)를 통과한다. 이 강에는 많은 보석과 침향목(lignum aloes)과 다량의 사금이 있다. 또 하나의 강은 닐루스(Nilus: 나일) 또는 기혼(Gyson)으로 불리며, 에티오피아를 거쳐 이집트로 흘러간다. 또 하나는 티그리스강이라고 불리며, 아시리아와 대아르메니아로 흘러간다. 또 다른 강은 유프라테스라 불리며, 이 역시 메디아와 아르메니아와 페르시아를 지난다. 저편의 사람들은 위든 아래든 세상의 모든 민물은 바로 낙원의 그 샘에서 발원한다고 말한다. 즉 이 샘에서 모든 물이 나오고 흘러가는 것이다. 비손이라고 하는 첫 번째 강의 이름은 그들의 언어로 '모임'이라는 뜻으로, 이는 여러 강들이 합류하여 그 강을 이루기 때문에 붙여진 이름이다. 또 어떤 이들은 갠지스로 부르는데, 이는 인도를 다스렸던 갠저레스(Gangeres, Gangaras)라는 왕의 이름을 딴 것으로 그 강이 바로 그의 땅을 가로지르기에 그렇게 부르는 것이

많다.

112. 이곳에는 뱀이 많은데, 뿔을 가진 뱀도 있고 보석으로 된 뱀도 있다.

113. 이 지역의 사람들은 매우 검고 배가 나왔으며, 키가 작고 입술이 두껍다. 코는 납작하고, 이마가 돌출되어 있으며, 얼굴은 추하다. 그리고 모두 옷을 벗고 다닌다. 그런 모습을 나도 많이 보았다. 이들은 사자, 눈표범, 표범 같은 무서운 맹수와 무시무시한 뱀들을 잡는다. 이들은 맹수에 대해서는 지극히 용맹스런 사람들이다.[119]

다. 강물은 어떤 곳에서는 맑고 어떤 곳에서는 흐리며, 어떤 곳에서는 물이 따듯하고 어떤 곳에서는 차갑다. 닐루스 또는 기혼이라는 두 번째 강의 이름은 강물이 늘 탁하다고 하여 붙여진 것으로, 실제로 에티오피아 말로 '탁하다'는 뜻이며, 이집트 말에서도 마찬가지이다. 티그리스라고 하는 세 번째 강 이름은 '빨리 달리다'의 의미를 가지는데, 실상 그것은 다른 어떤 강보다도 더 빨리 흐른다. 게다가 티그리스(타이거)라고 하는 빨리 달리는 짐승이 있기도 하다. 유프라테스라고 하는 네 번째 강 이름은 '잘 낳다'라는 뜻으로, 이 강 유역에서는 곡물과 과일 등의 여러 산물들이 아주 풍성하게 자라나기 때문이다"(『맨더빌 여행기』, 334-335쪽).

"이 도시에서 하룻길 정도 떨어진 유프라테스라는 낙원의 강으로부터 지표면 밑으로 흘러들어온다. 이 강은 땅 밑으로 해서 인도 쪽으로 흐르다가 알타자르 땅에서 지표면으로 나와 이 아르메니아를 지나서 페르시아해로 빠져나간다"(『맨더빌 여행기』, 182-183쪽).

119 "그곳(찬기바르섬)의 사자는 다른 곳의 사자들과 다르게 생겼다. 살쾡이와 표범도 많다. […] 모든 동물이 다른 지역의 것들과 다르다. […] 이 섬의 여자들에 대해서 이야기하자면 그들은 아주 못생겼다. 그들은 입과 눈과 코가 모두 크고, 젖가슴은 다른 여자들에 비해 네 배나 더 크다. 보기에도 정말 끔찍하다. […] 이 섬의 남자들은 훌륭한 전사이며 전투에서 매우 거칠다. 그들은 강인하며 도무지 죽음을 두려워하지 않는다. 말이 없기 때문에 낙타나 코끼리를 타고 전투한다"(『동방견문록』, 498-499쪽).

114. 이 인도에서는 호박(amber)을 볼 수 있다. 나무처럼 생긴 이것은 냄새를 많이 풍기는데, '바다의 보석' 또는 '바다의 보배'라고 불린다.

115. 이곳에는 당나귀와 비슷한 동물이 있는데, 흰색과 검은색 줄무늬가 번갈아 있다.[120] 즉 한 줄은 검은색이고 다른 한 줄은 흰색이다. 이 동물은 너무나 아름다워서 믿을 수 없을 정도다.

116. 제3인도와 대인도 사이에 여자들만 사는 섬과 남자들만 사는 섬이 있다고 한다. 남자들은 여자들의 섬에서 살 수 없고 그 반대의 경우도 마찬가지다. 그러나 열흘이나 보름 정도 거주하거나 같이 살 수는 있다. 여자가 남자아이를 낳으면 남자들의 섬으로 보내고 여자아이를 낳으면 자신들이 기른다.[121]

---

120 이 동물은 틀림없이 얼룩말일 것이다.

121 맨더빌은 여인국에 대해서만 서술하고 있으나, 마르코 폴로는 남자들만 사는 나라(남도)와 여자들만 사는 나라(여도)에 대해 모두 서술하였다. 각 여행기의 서술은 다음과 같다.

"칼데아 땅 옆에는 여인국, 즉 남자는 없고 여자들만 사는 나라인 아마존이 있다. 이곳에 남자가 없는 것은 어떤 이들이 말하는 것처럼 그들이 거기에서 살 수가 없어서가 아니라 남자들이 주인 행세 하는 것을 여자들이 용납하지 않기 때문이다. 옛날 한때 이 나라에는 여느 나라에서처럼 왕이 있었고 남자들이 결혼하여 살고 있었다. 그런데 콜로페우스(Colopheus)라고 불리는 왕과 스키티아(Scythia) 사람들 사이에 전쟁이 일어나 왕과 그 왕국의 모든 귀족들이 전투에서 몰살당했다. 왕비와 귀족 부인들은 자신들이 모두 과부가 되었으며 모든 고귀한 혈통이 사라진 것을 알고서 스스로 무장을 하고는, 자신들처럼 모든 여인들을 과부로 만들기 위해 그 나라의 살아남은 모든 남정네들을 닥치는 대로 죽였다. 이때부터 그들은 자신들 가운데 남자가 7일 밤낮 이상 머물러 사는 것을 원치 않았고, 남자로 태어난 어떤 어린아이도 그들 사이에서 성장하기를 원치 않아 아버지에게 보내 버렸다. 그들이 남자와 어울리고 싶을 때는 바로 옆에 있는 변경지대로 그들을 끌어들인다. 그리고 여기로 그들을 방문한 연인들을 맞아 여드레나 열흘 동안 그들과 함께

117. 그곳에는 다양한 섬들이 수없이 많다. 그 섬에는 개의 머리를 한 사람들이 있다.[122] 그러나 그들의 부인들은 아름답다고 한다.

지낸 다음 다시 집으로 돌아온다. 만일 남자아이를 갖게 되면 그들은 일정한 기간 동안 아이를 키운 다음, 아이가 저 혼자서 갈 수 있고 먹을 수 있을 때 그 아버지에게로 떠나보내며, 그렇지 않으면 아이를 죽여 버린다. 만일 여자아이가 태어나면 그들은 불에 달군 쇠로 젖가슴을 제거한다. 그 여자아이가 고귀한 가문 태생이라면 왼쪽 젖가슴을 제거하는데, 이는 방패를 들고 다니기 쉽게 하기 위함이다. 또 보병으로 구실할 여자라면 오른쪽 젖가슴을 제거하는데, 이는 투르크 활을 더 잘 쏘게 하기 위함이다. 사실 그들은 활을 아주 잘 쏜다. 그 나라에는 모든 땅을 다스리는 여왕이 있고, 모든 사람이 그녀에게 복종한다. 그들은 언제나 무술이 가장 뛰어난 사람을 선출하여 자신들의 여왕으로 세운다. 그들은 실상 선량하고 용감하며 현명하고 고귀하며 훌륭한 전사이다. 그들은 여느 전사들이 그러하듯이 금은을 얻기 위해서 종종 칼을 빼어들고 다른 왕들의 전쟁을 거든다. 그래서 그들은 스스로 매우 강건한 신체를 유지한다. 이 아마존 땅은 사면이 바다로 둘러싸인 섬이며, 단 두 곳에만 그리로 통하는 입구가 있다. 바다 너머에는 그들의 배필이요 연인인 남자들이 살며 그녀들은 원할 때면 그들을 찾아가 쾌락을 즐긴다"(『맨더빌 여행기』, 190-192쪽).

"남도라 불리는 섬은 케스마코란을 출발해 500마일 정도 남쪽으로 바다 가운데로 들어가야 나타난다. 주민들은 세례를 받은 기독교도이고 구약의 신앙과 규범을 지키며 살고 있다. 아내가 임신을 하면 출산할 때까지 그녀에게 손대지 않으며, 아이를 낳고 나서도 40일 동안은 그렇게 지낸다. 40일이 지난 뒤에는 남편이 원하는 대로 동침할 수 있다. 그러나 여러분에게 말하지만 부인이나 다른 여자들은 이 섬에 머물지 않고 모두 여도라 불리는 다른 섬에 살고 있다. 이 섬의 남자들은 여도로 가서 거기서 석 달 동안 머무는데, 3월과 4월과 5월에 그렇게 한다. 남자들은 이 석 달 동안 그 섬으로 가서 아내와 지내면서 즐기다가 석 달이 지나면 되돌아오는 것이다"(『동방견문록』, 489-490쪽).

122 "대양의 많은 섬들을 지나서 나쿠메라(Nacumera)라는 크고 아름다운 섬으로 간다. 섬 둘레는 대략 천 마일이 넘으며, 남자든 여자든 주민들 모두 생김새가 개와 같고, 그래서 카노폴로스(Canopholos, Cynocephales)라고 불린다"(『맨더빌 여행기』, 232-233쪽).

"그 나라를 떠나서 남쪽 방향으로 대양해를 건넜다. 그러면서 많은 섬과 나라를 발견했는데, 그 가운데 니코베란이란 곳이 있다. 큰 섬인데, 섬의 둘레는 족히 2천 마일이나 되며, 그곳의 남녀들은 모두 개의 얼굴을 하고 있다. 그리고 그곳 사람들은 소를 신으로 숭배한다"(『오도릭의 동방기행』, 164쪽).

나는 그 섬들이 보여 주는 다양한 것들에 대해 신기해할 수밖에 없었다.

118. 제3인도와 섬들에 대해서는 지금까지 말한 것으로 충분하다.

대아라비아

119. 내가 대(大)아라비아에 있었지만, 그곳에 대해서 할 이야기는 별로 없다. 다만 그곳에서 향과 몰약(沒藥)[123]이 생산된다는 것은 언급해 두고 싶다.

120. 대아라비아의 주민들은 모두 흑인이며 몹시 가냘프고 말랐다. 이들의 목소리와 말소리는 어린아이와 같다. 이 사람들은 동굴이나 땅에 구멍을 파고 살며,[124] 생선, 채소, 뿌리 이외에 다른 것은 먹지 않는다.

121. 아라비아에는 지나갈 수 없는 거대한 사막이 있는데 그곳은 아주 건조하다. 에티오피아는 매우 넓고 무척 뜨거운 곳이다. 이곳에는 수많은 괴물이 사는데, 그곳에 있는 황금 산을 지키는 그리폰이 그 예다.[125] 이곳에는 매우 크고 해로운 뱀이나 해로운 동물들이 있다.

122. 이곳에는 보석이 아주 많다. 이 지역의 지배자[126]는 세상의 다른 이들보다 강력하며 금과 은 그리고 보석을 많이 가지고 있어서 매우 부유하다고 나는 믿고 있다. 그는 휘하에 쉰두 명의 부유하고 강력한 왕들을 데리고 있다고 한다.[127] 그는 남부에서 서

---

123 몰약(myrrha)은 몰약나무 껍질에 상처를 내어 흐르는 유액을 건조시켜 만든 일종의 수지로서 방향제와 방부제로 사용된다.

124 예멘 남부에 살고 있던 혈거주민을 말하는 것으로 생각된다.

125 Isidore of Seville, Book XIV, iii, 7.

126 이 왕은 사제왕 요한으로 알려져 있다.

127 사제왕 요한의 편지에 따르면 휘하에 거느린 왕은 52명이 아니라 72명이다(Gadrat,

부 지역에 이르는 모든 이웃 지역을 지배한다.

123. 에티오피아에는 불타는 산 두 개가 있고 그 중심에는 황금 산이 있다. 이 지역 사람들은 모두 기독교도이지만 이단이다. 나는 그들을 많이 만났고 이 지역에 대해서 알게 되었다.

124. 바빌로니아의 술탄은 이 황제에게 조공으로 매년 50만 두카트[128]를 바친다고 한다.[129] 에티오피아에 대한 다른 이야기는 할 수 없다. 왜냐하면 내가 가보지 않았기 때문이다.

---

p. 289).

128 원문에는 duplarum(duplus의 여성 복수형)이라고 되어 있다. duplus는 2드니에에 해당하는 두블(double) 화폐로서 은화(銀貨)이지만, 여성형인 dupla는 금화다. 조공과 같이 큰 금액을 은화로 지불했을 리는 없으므로 여기서는 금화로 생각된다. 헨리 율과 앙리 코르디에는 금화를 뜻하는 '두카트'로 번역했고, 두블 화폐로 번역한 크리스틴 가드라 역시 각주를 통해 금화라는 점을 밝히고 있다.

129 에티오피아의 군주가 나일강의 강물을 막아서 이집트에 가뭄이 들자, 술탄은 에티오피아 군주와 협상하여 조공을 바치기로 했다(Gadrat, p. 289).

대타타르

125. 믿을 만한 사람이 전해주기를, 대(大)타타르라는 곳은 부유하며 정의롭고 사람들이 매우 관대하다고 한다. 그곳의 군주 아래에는 네 명의 왕이 있는데, 그 왕국들은 모두 프랑스만 한 크기이며 사람도 많이 살고 있다. 이 왕국에서 먹고살 것을 벌지 못하는 모든 사람들은 평생에 걸쳐 군주에게서 날마다 양식과 의복을 제공받는다.

126. 이 땅에서는 검은색 잉크로 서명이 된 종이가 화폐로 유통된다.[130] 그것으로 금, 은, 비단, 보석을 비롯해 원하는 모든 것을 살 수 있다.

127. 이 제국에는 우상의 신전이 있으며, 우리와 마찬가지로 남자 수도원과 여자 수도원이 있다.[131] 그리하여 자신들의 찬송과 기도

---

130 이것은 틀림없이 지폐에 관한 이야기일 것이다. "대칸은 자기가 원하는 만큼 마음껏 돈을 쓸 수 있다. 그는 가죽이나 종이로 화폐를 제작해 사용한다. 이 화폐는 황제의 법령에 따라서 가격이 높아지기도 하고 낮아지기도 한다"(『맨더빌 여행기』, 275쪽).

131 "자이톤이라고 하는 유명한 도시에 당도했다. 우리의 소형제회 수사 한 명이 그곳에 두 채의 집을 장만하고 있었다. […] 거기에는 많은 독신자들의 수도원이 있지만, 그들 모두가 우상숭배자들이다. 내가 방문한 한 수도원에는 3천 명의 수사와 1만 1천 기의 우상이 있었다. […] 공양의 방식은 이러하다. 즉, 음식을 공양하는 모든 제구는 펄펄 끓듯 뜨끈뜨끈하다. 거기서 피어오르는 연기가 우상의 얼굴에 닿으면, 그들은 그것을 바로 우상의 식사라고 여긴다. 그렇지만 다른 모든 음식은 남겨뒀다가 게걸스레 먹어 치운다. 이런 식으로 하고서도 그들은 자기네 신들을 잘 공양했다고 생각한다"(『오도릭의 동방기행』, 227-228쪽).

이에 대해 3천 명의 수사와 1만 1천 기의 우상이 있다는 점을 보아 불교 사찰이 분명하다고 역주자 정수일은 말한다(『오도릭의 동방기행』, 257쪽).

문도 가지고 있다. 또한 우상숭배의 주요 사제들은 우리의 추기경처럼 붉은 망토를 입고 붉은 모자를 쓴다. 믿을 수 없는 사실은 그렇게도 많은 호화로운 의식, 행렬, 무용, 축제 등이 우상숭배의 제례에 바쳐진다는 점이다.

128. 이곳에서는 시신을 화장하지 않으며, 10년 동안 매장하지 않는 일도 종종 있다. 왜냐하면 그들이 원하는 대로 제례나 장례를 치를 수 있는 수단을 가지고 있지 않기 때문이다. 그리하여 시신을 집에 모셔 두고 살아 있는 사람에게 하듯이 먹을 것을 바친다.

129. 대군주가 죽으면 말 한 마리와 총애하던 시종 한두 명이 산 채로 함께 묻혔다.

130. 이 제국에는 매우 큰 도시들이 있다고 한다. 이러한 사실을 그 도시들을 직접 본 사람들에게서 들었다. 그중에 예모[132]라는 도시는 한가운데 난 길로 똑바로 가로지르는 데에 말을 타고도 하루가 걸린다.

131. 내가 듣기로 그 황제의 휘하에 툴루즈보다 큰 도시가 2백 개나 된다고 한다.[133] 그리고 그곳에는 수많은 사람들이 살고 있다고 확신한다.

132. 이 제국 사람들은 놀라울 정도로 친절하고 청결하며, 예의 바르고, 심지어 관대하기까지 하다.

---

132 예모(Hyemo)는 아마도 북경(北京)을 가리키는 듯하다.

133 프랑스 남부의 툴루즈를 비교 대상으로 삼은 것은 요르다누스가 남부 프랑스에서 주로 활동했음을 보여 주는 증거다. 그가 본 가장 큰 도시가 툴루즈였을 것이다.

133. 이 제국에는 대황(大黃)[134]과 사향(麝香)이 있다. 사향이란 숲에 사는 노루와 같은 짐승의 배꼽을 말한다. 사람들은 그 동물을 산 채로 잡아서 배꼽 가죽을 동그랗게 잘라낸 뒤 거기에 있는 핏덩어리를 모아 그것을 그 가죽에 넣어 말린다. 그러면 이것이 세상에서 가장 좋은 사향이다.[135]

134. 이 제국과 관련하여 내가 알고 있는 바는 더 이상 없다. 다만 이곳의 그릇은 매우 아름답고 고급스러우며 솜씨 좋게 만들어진 자기(磁器)라는 점은 알고 있다.

135. 황제가 죽으면 몇몇 사람들이 많은 재물과 함께 시신을 정해진 장소로 옮긴다. 이들은 그곳에 시신을 내려놓고 마치 악마들이 따라오기라도 한다는 듯이 가능한 한 멀리 도망간다. 그리고 다른 사람들이 준비하고 있다가 재빨리 시신을 옮겨 간다. 이들

---

134 원문의 표기는 reobarbarum, 영어로는 rhubarb이다. 대황은 대체로 뿌리를 한약재로 사용한다. 뿌리는 굵고 황색을 띠며, 줄기는 크고 거칠며 가운데가 비어 있다. 대황은 오도리코의 여행기에도 등장하는데, 오늘날의 감숙(甘肅)성에서 생산되는 것으로 되어 있다. "그곳(사제왕 요한의 나라)에서 여러 날 걸어서 칸산이란 성에 이르렀다. 세상에서 두 번째로 좋은 성이고 사람이 살기 좋은 고장이다. […] 이곳에는 식량, 특히 밤이 많다. 또한 여기서는 대황도 생산한다"(『오도릭의 동방기행』, 283쪽과 294쪽). 여기에 등장하는 '칸산'은 감숙이다.

135 "이 고장(실링주, Silingiu – 옮긴이)에서는 최고의 사향이 나오는데, 세상에서 가장 고급품이다. […] 영양만 한 크기의 조그만 짐승이 있는데 그 생긴 모습은 이러하다. 즉 털은 사슴과 같지만 매우 무성하고, 발은 영양처럼 생겼으며, 뿔은 없고 꼬리는 영양을 닮았다. 이빨은 위에 두 개, 아래에 두 개로 모두 네 개가 있다. 손가락 세 개 정도의 길이로서 가늘고, 두 개는 위로 두 개는 아래로 뻗어 있다. […] 그것을 잡아보면 배 가운데 배꼽 부분의 가죽과 살 사이에 핏덩어리가 있는 것을 알 수 있는데, 그 가죽을 모두 벗겨낸 뒤 그 핏덩이를 끄집어낸다. 그 핏덩이가 바로 사향으로, 거기서 그렇게 대단한 향기가 나오는 것이다"(『동방견문록』, 202쪽).

역시 마찬가지 방법으로 시신을 다른 장소까지 옮긴다. 그리고 이번에는 또 다른 사람들이 매장할 장소까지 옮긴다. 이렇게 함으로써 묻힌 장소는 알려지지 않게 되며, 그 결과 어느 누구도 재물을 훔칠 수 없게 된다.

136. 황제가 죽으면 가족이나 제후들에 의해 비밀리에 다음 황제가 확정되기 전까지는 시신이 공개되지 않는다.

137. 이 황제는 지상의 어떤 제후나 군주보다도 더 많은 자비를 베풀었다.

138. 이 황제에 속한 백성들은 대부분 우상숭배자들이다.

칼데아

139. 칼데아에 대해서는 말할 것이 많지 않지만, 아주 놀라운 일에 대해서는 말해야겠다. 이곳에는 무너지고 황폐해진 바빌론이라는 땅이 있다. 그 땅에는 털이 난 뱀을 비롯해 이런저런 괴물들이 있다.[136]

140. 이곳은 밤에 함성 소리, 울부짖는 소리, 휘파람 소리가 들려서 지옥과도 같다.

141. 이곳에서는 대규모 군대와 함께 있는 사람이라도 끊임없는 환영과 공포 때문에 감히 하룻밤을 버티지 못한다. 내가 그곳에 있을 때 남자 다섯을 등에 태우고 가는 거북이를 보았다.

142. 마찬가지로 머리가 둘 달린 아주 혐오스런 동물이 유프라테스강을 건너서 건너편 사람들에게 가고 있었다.

143. 또한 아주 큰 전갈이 있는데 매우 공포스럽다고 들었다. 이 땅에는 악마들이 살고 있을 것이라고 나는 믿는다.

---

136 칼데아의 황폐화에 대해서는 성경에 나와 있다. "나라들 가운데서도 진주 같은 바빌론, 갈대아 사람들의 자랑과 영광인 바빌론이 하느님의 손에 망한 소돔과 고모라같이 되리라. 영원히 무인지경이 되어 대를 이어 그곳에서 살 사람이 없으리라. 아랍 사람들도 천막을 치러 오지 않고 목자들도 풀을 뜯기러 양떼를 몰고 오는 일이 없으리라. 들짐승들이 뒹굴고 사람 살던 집에서 부엉이가 우글거리며 타조들이 깃들이고 들귀신들이 춤추는 곳이 되리라. 이리가 텅 빈 저택에서 부르면 화려하던 궁궐에서 승냥이의 소리가 메아리쳐 오리라. 그때가 다가온다. 그날은 결코 연기되지 않는다"(이사야 13장 19-22절).

아란

144. 아란(Aran)에 대해서는 특기할 만한 사항이 없으므로 여기서 이야기하지 않겠다.

모간

145. 모간(Mogan) 땅에서 세 명의 왕들[137]이 주 예수를 경배하러 왔다.

146. 이 땅에는 바쿠(Bacu)라고 불리는 곳이 있는데, 그곳에서는 구멍을 뚫으면 그 구멍에서 나프트[138]라고 불리는 일종의 기름이 솟아 나온다. 이 기름은 매우 뜨겁고, 약품으로도 사용되며, 불이 아주 잘 붙는다.

---

137 예수 탄생을 축하하러 온 동방박사 세 사람을 의미한다.

138 나프트(naft)는 석유를 말한다.

카스피산맥

147. 카스피산맥에 대하여 말하자면, 그곳에는 기독교도임을 자처하면서도 기독교를 모르고 신앙에 대해 어떤 것도 알지 못하면서 십자가에 양을 바치는 사람들이 있다. 이 산맥에는 열다섯 개가 넘는 다양한 민족들이 있다.

조지아

148. 조지아는 우리와 매우 비슷하다. 모든 사람들이 기독교도이며 호전적이다.

땅의 크기

149. 이제 나는 땅의 크기에 대해 간략하게 서술할 것이다. 여기[139]서부터 콘스탄티노폴리스까지의 거리가 3천 마일 혹은 그 이상이라는 점을 알아 두기 바란다.

150. 콘스탄티노폴리스에서 바다를 통해서 줄곧 동쪽으로 가면 타나[140] 혹은 타타르까지는 1천 마일이다.

---

139 요르다누스가 글을 쓰고 있는 곳, 즉 아비뇽일 것이다.

140 타나(Tana)는 아조프해에 있는 도시를 말한다.

151. 페르시아 제국은 트라페준데[141]에서 시작된다. 트라페준데는 그리스인들의 도시로서 흑해 끝부분 만곡부에 있다. 이 제국은 넓게 퍼져 있다. 즉 소아시아, 실리시아,[142] 메디아,[143] 카파도키아,[144] 리지아,[145] 대아르메니아, 칼데아, 조지아, 카스피산맥 일부, 그리고 세 명의 왕이 예수께 경배를 드리기 위해 출발한 모간에서부터 철의 문[146]에 이르는 땅, 여기에 더하여 페르시아 전체와 소인도 일부까지 페르시아 제국에 속한다. 즉 이 제국은 우리 바다에서 인도양에 이르는 지역에 걸쳐 있으며 이렇게 땅이 넓으므로 동물을 타고도 90일 넘게 걸린다.

152. 그 다음 소인도는 사방으로 60일 거리 이상 뻗어 있으며 매우 평탄하다.

153. 그리고 대인도는 170일 거리가 넘는데, 이 바다 위를 항해하는 사람들의 말에 따르면 주민이 사는 섬이 1만 2천 개가 넘고 무인도가 8천 개 이상이다. 대인도는 대부분 평탄하다.

154. 이곳 대인도의 선박은 놀랍다. 왜냐하면 크기가 매우 큰데 쇠로 연결된 것이 아니라 식물로 만들어진 실과 바늘로 꿰매져 있기 때문이다. 그리고 배의 위쪽은 덮여 있지 않고 오히려 열려 있어서 물에 들어가면 항상 혹은 거의 대부분 사람들이 배 밑창에

141 트라페준데(Trapezunde)는 터키 흑해 연안에 있는 도시 '트라브존'을 말한다.

142 실리시아(Cilicia)는 소아시아의 아나톨리아에 있던 고대 지방이다.

143 이란 북서부에 있던 고대 지방으로, Media로 표기한다.

144 소아시아 중앙에 위치한 지역으로, Cappadocia로 표기한다.

145 Lysias 또는 Phrygia로 표기한다.

146 철의 문(Portas Ferreas)은 알렉산드로스 대왕이 세웠다고 알려진 문이다.

들어가서 물을 퍼내야 한다.

155. 매우 큰 제국인 카타이[147]는 100일 거리 이상으로 펼쳐져 있다. 인도와 달리 이곳은 한 사람의 군주가 통치하지 않고 여러 명의 왕과 제후들이 있는데, 이들은 서로 조공을 바치는 관계가 아니다.

156. 에티오피아의 영토는 지나치게 크다. 그곳에는 최소한 우리 기독교 세계 전체보다 세 배 많은 인구가 산다고 하는데, 나는 그것이 거짓말이 아니라고 믿는다.

157. 다른 두 개의 타타르 제국이 있다고 들었다. 하나는 옛날에는 카타이였고 지금은 오스베트[148]의 왕국이며 가차리아[149]라고도

---

147 카타이(Cathay)는 '키타이(Kitai)'에서 온 말로서, '북중국'을 가리킨다. '키타이'는 원래 '거란(契丹)'이라는 유목민의 이름에서 비롯된 것으로, 이들은 10세기 전반에 중국 북부를 지배하고 요(遼) 왕조를 세운 것으로 잘 알려져 있다. 거란제국이 건설된 뒤 북중국과 교류하던 중앙아시아와 서아시아 주민들은 이 집단의 명칭인 '카타이'로 북중국을 지칭하기 시작했다(『몽골제국기행』, 40쪽의 각주 1). 거란인이 황하 이북 전역을 석권하고 거기에 '요'라는 이름의 나라를 세웠는데 이 제국은 북중국에서 2세기 동안이나 존속했다. 그러나 이들은 스스로 중국의 관습, 의식, 문화를 받아들여서 점차 중국에 동화되었다. 1125년 요 왕조가 정복될 때까지는 이 왕국이 중국 제국의 얼굴로 비춰졌기 때문에 Khitan, Khitat 혹은 Khitai라는 명칭이 중국과는 불가분의 관계가 될 수밖에 없었다고 한다(헨리 율·앙리 코르디에, 『중국으로 가는 길』, 정수일 역주, 사계절, 2008, 238-239쪽).

148 오스베트(Osbet)는 킵차크 한국의 제9대 군주(재위 1313-1341)로, 오스벡(Ozbeg) 또는 우즈벡(Özbäg)이라고도 한다. 『원사(元史)』에는 '月即別'로 기록되어 있다. 제8대 토크타(Toktaï) 칸의 뒤를 이어 즉위하여, 바투사라이에서 베르케사라이로 수도를 옮기고 그곳에 이슬람 교회와 궁전 등을 세웠다. 이 시기는 상업과 수공업이 발달했으며, 이슬람교를 장려하고 이집트 맘루크 왕조와 우호관계를 맺는 등 킵차크 한국의 최성기에 해당한다.

149 가차리아(Gatzaria)는 카자르(Khazars) 지방을 지칭하는 듯하다. 흑해와 카스피해 사이의 지역, 또는 그곳에 살던 사람들을 지칭한다.

불린다. 다른 하나는 두아[150]와 카이다[151]의 제국으로, 과거에는 차파르[152]가 다스렸고 오늘날에는 엘치가데이[153]가 다스리며, 2백 일 거리의 도로가 펼쳐져 있다.

158. 카타이에서 항해하는 선박들은 매우 커서, 선체 윗부분에 1백 개가 넘는 선실이 있다. 이 선박들은 열 개의 돛으로 순풍을 받는다. 가장 큰 배는 세 겹으로 된 판자로 이루어져 있다. 첫 번째 판자는 우리의 큰 배와 같은 방향으로 놓여 있으며, 두 번째 판자는 가로로, 세 번째 판자는 세로로 놓인다.[154] 사실 인도양은

---

150 두아(Dua)는 차가타이 한국(Chaghatai Khanate)의 제10대 칸으로서 차가타이 한국의 실질적 건립자다. 차가타이 한국은 칭기즈칸의 둘째 아들 차가타이가 중앙아시아에 건립한 몽골 왕국(1227-1360)인데 초기에는 대칸의 통제를 받았다.

151 카이다(Cayda) 또는 카이두(Khaidu)는 칭기즈칸의 증손자로, 쿠빌라이 칸과 몽골 제국의 패권을 놓고 50년간 경쟁하였다.

152 카이다(카이두)의 장남으로 오고타이 한국의 마지막 칸이었다.

153 엘치가데이(Elchigaday)는 차파르의 형제로서 차파르의 뒤를 이었으나, 아주 짧은 기간 동안만 통치했던 것으로 보인다. 그러므로 그에 대한 기록도 많지 않은 편이다. 이처럼 알려지지 않은 인물을 언급한 점으로 미루어, 요르다누스가 실제로 인도를 여행했음은 확실하다고 하겠다.

154 중국의 배에 관해서는 마르코 폴로의 기록이 매우 정확하다는 평가를 받고 있다. "상인들이 인도를 오갈 때 타는 배에 대한 이야기를 시작해 보자. […] 재료는 전나무나 소나무와 같은 나무이고, 갑판에는 대개 60개의 선실이 있어 거기서 상인 한 사람씩 편히 지낼 수 있다. 키가 하나 있고 돛대는 네 개인데, 그들이 원하면 두 개의 돛대를 추가로 세우는 경우도 많다. […] 못을 박는 방식은 다음과 같다. 두 개의 판자를 겹쳐서 전체를 두른 뒤, 그 안팎을 뱃밥으로 메우고 쇠못을 박는다. 그들에게는 역청이 없기 때문에 역청을 바르지 않고, 역청보다 더 좋아 보이는 다음과 같은 것으로 칠한다. 즉 석회와 삼베를 잘게 썰어 빻은 뒤 나무에서 짜낸 기름과 섞는데, 이 세 가지를 섞어 잘 빻으면 마치 끈끈이처럼 접착성이 강한 물질이 된다. 이것을 배에 바르면 역청과 같은 효과를 내는 것이다. 이 배들은 그 크기에 따라 300명, 200명, 100명 혹은 그보다 더 많거나 적은 선원들을 태우며 짐도 우리 배보다 많이 싣고 다닌다. […] 큰 배들은 1년 정도 항해한 뒤 수리하거나 장식

그다지 거친 편이 아니며 파도가 약하게 치거나 거의 치지 않는다. 선원들은 파도가 거칠어지면 위험하다고 여긴다. 함께했던 우리의 선원은 이때가 최적의 시점이라고 생각한다고 했다. 우리 고향의 어떤 사람은 이곳에서 1백 회 넘게 항해했다고 하는데 이것은 거짓말이 아니다.

159. 그리스는 매우 넓지만 나는 그것이 어느 정도 크기인지 모른다.

160. 모든 것들 중에서 얻어낸 단 하나의 결론은 우리 기독교 세계보다 더 좋은 땅, 더 아름답고 친절한 사람들, 더 좋고 맛있는 먹거리, 더 아름다운 의복, 더 고귀한 관습을 가진 곳은 없다는 것이다. 모든 것들 중에서 가장 좋은 것은 깊은 신앙이다. 비록 잘 지켜지지 않고 있지만 말이다. 신께서 입증하셨듯이 도미니크회 수도사들과 프란체스코회 수도사들이 우리의 신앙으로 개종시킨 사람들이 이곳에 있는 사람들보다 열 배는 더 좋고 더 자비롭다는 것을 나는 경험으로 알고 있다.

을 고치려고 할 때 다음과 같은 방식으로 한다. 그들은 두 개의 판자 위에 다시 판자 하나를 배 전체에 돌아가면서 못을 박아서 붙인다. 그러면 판자는 세 겹이 되는데 그 틈을 메우고 기름을 바른다. 이것이 그들이 하는 수리 작업이다. 두 번째로 수리할 때는 그 위에 또 다른 판자를 붙이는데, 이런 방식으로 그들은 판자를 여섯 개까지 붙인다"(『동방견문록』, 414-415쪽).

161. 인도 사람들의 개종과 관련하여 말하자면, 신앙에 헌신하고 가톨릭 신앙을 열정적으로 설교하기 원하는 형제가 2백 명 혹은 3백 명이 있다면 1만 명이 넘는 사람들을 진정한 우리의 신앙으로 개종하는 데에 일 년이 걸리지 않을 것이라고 나는 말할 수 있다.

162. 내가 이런 분리주의자들과 불신자들 사이에 있은 뒤로 1만 명 정도가 우리 신앙으로 개종한 것으로 믿는다. 우리는 소수였기 때문에 넓은 지역을 담당할 수도, 방문할 수도 없었다. 아, 슬프다! 신의 말씀을 전파하는 사람들의 결점으로 인해 많은 사람들이 죽었고 죽어 간다. 그러나 비통하고 고통스럽게도, 위험하고 비방을 일삼는 이슬람교 설교자들에 의해 이 불신자 종파들은 매일같이 타락했으며, 이들은 우리와 마찬가지로 사방으로, 특히 오리엔트 전 지역으로 퍼져 나가 모든 사람들을 자신들의 배교 신앙으로 되돌아가도록 만들었다고 들었다. 그리고 내가 입증했듯이 이들은 우리를 고발하고 때리고 감옥에 넣고 돌을 던졌다. 나 역시 그들, 즉 사라센인들에 의해 네 차례나 투옥되었다. 그리고 여러 차례 매질과 돌팔매질을 당했다. 신만이 이를 아실 것이다. 나는 내 죄를 시험하는 것으로 여기고 견뎠다. 나는 네 명의 동행자들이 그러했듯이 신앙을 지키기 위해 순교함으로써 삶을 끝내지 않았다.[155] 남은 일은 신께서 나를 통하여 당신의 의지를 실행하시는 것이다. 그리고 또 다른 다섯 명

155 이 네 명의 동행자는 1321년 4월 타나(Thana)에서 순교한 프란체스코회 수도사들을 말한다.

의 선교사들과 네 명의 프란체스코회 수도사들이 내가 이곳에 있을 때 왔었다. 아아! 나의 불행이여! 내가 그들과 함께 그곳에 없었다니!

163. 게다가 나는 프랑스 왕이 다른 사람의 도움 없이 세계를 자신에게 그리고 기독교 신앙에 굴복시킬 수 있는 사람이라고 믿는다.

키오스섬

164. 키오스라고 불리는 섬을 보았는데, 그 섬에서는 유향수지(乳香樹脂)[156]가 많이 생산된다. 세상의 다른 곳에 있는 같은 종류의 나무들은 유향수지를 생산하지 못한다. 유향수지란 귀한 나무가 만들어 내는 고무다. 이 섬에는 정력적인 제노바인이 한 사람 있었는데, 그 이름은 마르티누스 자카리아스[157]였다. 그는 무기를 잘 사용하여 1만 명이 넘는 투르크인들을 죽이거나 생포했다. 그러나 슬프도다! 배교자(背教者)인 콘스탄티노폴리스의 그리스 황제[158]가 속임수를 써서 그를 섬에서 쫓아냈다. 이것은 매우 비통한 일이었고, 더욱더 심한 것은 황제가 직접 그를 사로잡아서 포로로 만들었다는 점이다.

165. 나는 투르크에서 내륙[159]의 바닷가에 서 있는 어떤 성채에 있었는데, 그 성채는 한 제노아 귀족의 소유였다. 그의 이름은 안드레올로 카타네오[160]였는데, 그는 기병 52명과 보병 4백 명만을

---

156 매스틱(mastic)이라고 불리는 천연수지를 말한다. 오늘날에는 껌이나 아이스크림을 만드는 데에 사용된다. 맨더빌도 이에 대해서 언급하였다. "제일 먼저 닿은 곳은 키오스라 불리는 섬이다. 이 섬에는 키가 작은 관목인 유향수(乳香樹)가 자라는데, 이 나무에서 자두나무나 벚나무에서처럼 끈적끈적한 진액(유향)이 나온다"(『맨더빌 여행기』, 38쪽).

157 마르티누스 자카리아스(Martinus Zaccarias)는 키오스섬의 영주(1314-1329)였다.

158 안드로니코스 3세(Andronicos III, 재위 1328-1341)를 말한다.

159 제노아인들이 13세기 말에 건설한 새로운 포카이아를 말한다. 오늘날 터키의 예니포차(Yenifoça)로 이즈미르 근처의 항구다.

160 안드레올로 카타네오(Andreolo Cathaneo)는 포카이아의 총독(1314-1331)이었다.

데리고 있었다. 그는 투르크인들에게 많은 손실을 입혔다. 이곳에서는 명반[161]이 생산된다. 이것이 없으면 천을 염색할 수 없는데, 그 생산 방법이 신기하다. 이 방법은 인간이 발명할 수 있는 기술이라고 여겨지지 않으며 성령만이 할 수 있다고 생각한다. 왜냐하면 그것은 다음과 같기 때문이다. 땅속에서 돌을 캐내서 가져오는데, 아무 돌이나 캐서는 안 되며 여기에 적합한 특별한 돌을 캐내야 한다. 이 돌은 자연에서 극히 적은 양이 생산된다. 이 돌을 벽돌이나 토기를 만들 때처럼 굽는데, 많은 양을 여러 날 동안 강한 불로 구워야 한다.

166. 그 뒤에 이 돌을 넓은 마당에 놓고 그 위에 물을 뿌린다. 이 작업은 하루에 두세 차례씩 한 달 동안 진행된다. 이렇게 해서 돌이 석회와 같은 상태가 되면 커다란 솥에 물과 함께 담고 커다란 쇠숟가락으로 바닥에 가라앉은 것을 건져낸다. 그런 다음 석회로 만든 커다란 사각형 판을 많이 준비하여 거기에 솥의 물을 붓는다. 그리고 이것을 수정과 같은 모양으로 서서히 굳히면 최상품 명반이 된다.

---

161 명반은 황산알루미늄의 결정체로, 무색 덩어리나 가루 형태로 되어 있다. 용도는 다양하지만, 가장 중요하게는 직물의 염색을 도와주는 매염제로 사용된다. 중세 유럽에서는 13세기부터 모직물 산업이 발달하면서 명반의 수요도 크게 증가했다. 이 당시 명반의 생산지는 소아시아 반도였고, 소아시아 반도 바로 앞에 있는 키오스섬은 지중해 명반 산업의 집산지 역할을 했다. 지중해에서 명반 무역을 장악했던 세력은 제노아 상인이었는데, 제노아가 베네치아와 더불어 중세 최대의 무역 중심 도시로 성장할 수 있었던 것은 명반 무역 덕분이었다. 이에 관해서는 남종국, 『이탈리아 상인의 위대한 도전』, 앨피, 2015, 385-428쪽 참고.

167. 이곳 투르크에는 요한묵시록에서 언급한 일곱 개의 교회가 있다.[162] 요한은 에페소에 자신의 묘지를 만들라고 명령했다. 그리고 그 안으로 들어가서 더 이상 나타나지 않았다. 이 구멍과 관련하여 진실이면서도 정말로 신기한 일 한 가지를 이야기하겠다. 나는 이 이야기를 종교에 헌신한 독실한 어떤 이에게서 들었는데, 그는 이곳에서 살면서 그것을 자신의 귀로 들었다고 한다. 때때로 사람들은 그 구멍에서 아주 큰 소리를 듣곤 했는데 그것은 마치 사람이 코를 고는 소리와도 같았다고 한다.[163] 그런데 그 구멍에는 아무것도 없었다. 투르크의 이 지방은 소아시아라고도 불리는데, 투르크인이 주로 살고 있으며 분리주의자인

---

162 요한묵시록 2장과 3장의 내용은 예수가 일곱 교회에 보내는 편지다. 에페소, 스미르나, 페르가몬, 티아티라, 사르디스, 필라델피아, 라오디케이아 등 일곱 교회는 모두 오늘날 터키에 있다.

163 "성 요한이 『묵시록』을 쓴 파트모스(Patmos)섬을 지난다. 꼭 알아두어야 할 것은 성 요한이 우리 주님이 수난을 당하신 해에 서른두 살이었고, 수난 이후로 67년을 더 살아 백 살의 나이로 죽었다는 사실이다. 파트모스 다음으로 지나는 곳은 바다 가까이에 있는 아름다운 도시 에페수스(에페소—옮긴이)이다. 성 요한은 바로 여기에서 죽었고, 한 무덤의 높은 제단 뒤에 묻혔다. 이 자리에 반듯한 교회가 서 있는 것은 예전에 이 도시가 기독교인들의 수중에 있었기 때문이다. 그런데 지금 성 요한의 무덤에는 아무것도 없고, 남은 것이라고는 천사들의 음식이라 불리는 만나뿐이다. 이유인즉, 이제는 그 장소와 도시와 교회, 더 나아가 소아시아 전체가 투르크인들의 손아귀에 있기 때문이다. 또 하나 알아둬야 할 것으로, 성 요한은 생전에 자신의 무덤을 만들게 했고, 더욱이 멀쩡히 살아 있을 때 그 안으로 들어가 스스로 누웠다는 사실이다. 그래서 어떤 사람들은 그가 결코 죽지 않았으며, 다만 최후의 심판 때까지 거기에서 잠자고 있을 따름이라고 믿는다. 그리고 정말로 놀라운 일이 일어났으니, 마치 무덤 속에 살아 있는 무언가가 있는 것처럼 무덤의 흙이 여러 번 꿈틀거리고 움직이는 것을 사람들이 똑똑히 보게 된 것이다"(『맨더빌 여행기』, 38쪽).

그리스인들과 아르메니아인들이 소수 살고 있다. 투르크인들은 배교자인 이슬람교도들이다. 그리고 이들은 훌륭한 궁사들이며, 다른 사람들과 최악의 배교자들 가운데서도 가장 호전적인 사람들이다. 투르크의 토지는 비옥하나, 투르크인들이 그다지 신경을 쓰지 않아서 버려진 땅이 많다.

❁ 참고문헌

요르다누스 여행기의 편집본

Coquebert de Montbret, Charles (ed.), *Recueil de voyages et de mémoires*, Paris: Arthus-Bertrand, 1839, t. IV, pp. 1-68.

Cordier, Henri (ed.), *Mirabilia descripta: Les Merveilles de l'Asie*, Paris: Paul Geuthner, 1925.

Gadrat, Christine, *Une image de l'Orient au XIVe siècle: Les Mirabilia descripta de Jordan Catala de Sévérac*, Paris: École des chartes, 2005, pp. 239-295.

Yule, Henry (ed.), *Mirabilia Descripta: The Wonders of the East by Friar Jordanus*, London: Hakluyt Society, 1863.

1차 사료

Dawson, C., *Mission to Asia*, Toronto: University of Toronto Press, 1980.

Isidore of Seville, *The Etymologies of Isidore of Seville*, edited and translated by Stephen A. Barney et al., New York: Cambridge University Press, 2006.

Marignolli, G., "Chronicon Reverendissimi Joannis Dicti de Marignolis de Florentia Ordinis Minorum Bysinianensis Episcopi", in Gelasius Dobner (ed.), *Monumenta Historica Boemiae*, t. II, Prague: Joannes Josephus Clauser, 1768.

Van den Wyngaert, A., *Sinica franciscana, vol. 1: Itinera et relationes Fratrum Monorum saeculi XVIII et XIV*, Quaracchi: Collegium S. Bonaventurae, 1929.

Vincent de Beauvais, *Speculum historiale*, Douai, 1624, Liber XXX, Ch. 69, 70.

Yule, H., and H. Cordier, *Cathay and the Way Thither*, vol. 3, London: Hakluyt Society, 1914.

마르코 폴로, 『동방견문록』, 김호동 역주, 사계절, 2006.

오도릭, 『오도릭의 동방기행』, 정수일 역주, 문학동네, 2012.

존 맨더빌, 『맨더빌 여행기』, 주나미 옮김, 오롯, 2014.

카르피니·뤼브룩, 『몽골제국기행』, 김호동 역주, 까치, 2015.

헨리 율·앙리 코르디에, 『중국으로 가는 길』, 정수일 역주, 사계절, 2008.

2차 자료

Albert, J. P., "Le roi et les merveilles à propos de la légende du Prêtre Jean", *Cahiers de Littérature Orale*, 29(1911): 17-45.

Bar-Ilan, M., "Prester John: Fiction and History", *History of European Ideas*, 20/1-3(1995): 291-298.

Beckingham, C. F., "The achievement of Prester John", in C. F. Beckingham and B. Hamilton (eds.), *Prester John: The Mongols and the Ten Lost Tribes*, Aldershot: Variorum, 1996.

Beckingham, C. F., and B. Hamilton (eds.), *Prester John: The Mongols and the Ten Lost Tribes*, Aldershot: Variorum, 1996.

Bejczy, I., *La lettre du prêtre Jean: une utopie médiévale*, Paris: Imago, 2001.

Boucheron, P., "La fausse lettre du prêtre Jean", *L'Histoire*, 36(2007): 78-79.

Campbell, M. B., *The Witness and the Other World: Exotic European Travel Writing, 400-1600*, Ithaca & London: Cornell University Press, 1988.

Claverie, P. V., "Deux lettres inédits de la première mission en Orient d'André de Longjumeau(1246)", *Bibliothèque de l'Ecole des chartes*, 158(2000): 283-292.

Favier, J., *Les grandes decouvertes: D'Alexandre a Magellan*, Paris: Fayard, 2010.

Franke, H., "Sino-western Contacts under the Mongol Empire", *Journal of the Royal Asiatic Society*, 6(1966): 49-72.

Friedman, J. B., *The Monstrous Races in Medieval Art and Thought*, Cambridge, Mass.: Harvard University Press, 1981.

Gadrat, Christine, *Lire Marco Polo au Moyen Age: Traduction, diffusion et réception du Devisement du monde*, Turnhout: Brepols, 2015.

Gillman, Ian, and Hans-Joachim Klimkeit, *Christians in Asia before 1500*, Richmond, UK: Curzon, 1999.

Goodrich, M. et al. (eds.), *Cross Cultural Convergences in the Crusader Period*, New York: Peter Lang, 1995.

Gumilev, L. N., *Searches for an Imaginary Kingdom: The Legend of the Kingdom of Prester John*, New York: Cambridge University Press, 1987.

Hamilton, B., "Continental Drift: Prester John's Progress through the Indies", in C. F. Beckingham and B. Hamilton (eds.), *Prester John: The Mongols and the Ten Lost Tribes*, Aldershot: Variorum, 1996.

Harvey, P. D. A., *Mappa mundi: The Hereford World Map*, Toronto: University of Toronto Press, 1996.

Jackson, P., *The Mongols and the West, 1221-1410*, New York: Routledge, 2005.

Kline, Naomi R., *Maps of Medieval Thought: The Hereford Paradigm*, Woodbridge: Boydell Press, 2001.

Komroff, M. (ed.), *Contemporaries of Marco Polo*, New York: Liveright Publishing Co., 1937.

Mollat, Michel, *Grands voyages et connaissance du monde du milieu du XIIIe siècle à la fin du XVe*, 1ère partie, Paris: Centre de documentation universitaire, 1966.

Park, Hyunhee, *Mapping the Chinese and Islamic Worlds: Cross-Cultural Exchange in Pre-Modern Asia*, New York: Cambridge University Press, 2012.

Park, Hyunhee, "The Transfer of Geographic Knowledge of Afro-Eurasia in the

'Bright' Middle Ages: Cases of Late Medieval European Maps of the World", in Arun Bala (ed.), *The Bright Dark Ages: Comparative and Connective Perspectives*, Leiden: Brill, 2016.

Pelliot, P., "Chrétiens d'Asie centrale et d'Extrme-Orient", *T'oung pao*, 15(1914): 623-644.

Rachewiltz, I. de, "Prester John and Europe's Discovery of East Asia", *East Asian History*, 11(1996): 59-74.

Richard, J., "L'Extrême-Orient lêgendaire au Moyen Age: Roi David et prêtre Jean", *Annales d'Ethiopie*, 2(1957): 225-242.

Richard, J., "The Relatio de Davide as a Source for Mongol History and the Legend of Prester John", in C. F. Beckingham and B. Hamilton (eds.), *Prester John: The Mongols and the Ten Lost Tribes*, Aldershot: Variorum, 1996.

Roger, F. M., *The Quest for Eastern Christians: Travels and Rumor in the Age of Discovery*, Mineapolis: University of Minnesota Press, 1962.

Roux, J. P., *Les explorateurs au Moyen Age*, Paris: Fayard, 1985.

Skelton, R. A., *Explorers' Maps*, London: Routledge, 1958.

Zarncke, F., "Alexander III's letter to Prester John", in C. F. Beckingham and B. Hamilton (eds.), *Prester John: The Mongols and the Ten Lost Tribes*, Aldershot: Variorum, 1996.

Zarncke, F., "The patriarch John of India and Prester John", in C. F. Beckingham and B. Hamilton (eds.), *Prester John: The Mongols and the Ten Lost Tribes*, Aldershot: Variorum, 1996.

김장구, 「플라노 드 카르피니의 『몽골인의 역사』에 보이는 몽골사 인식」, 『동국사학』 제49집(2010): 69-103.

김호동, 『동방 기독교와 동서문명』, 까치, 2002.

남종국, 「몽골 평화 시대 아시아에서 유럽 상인들의 상업 활동」, 『서양중세사연구』 제28집(2011): 159-196.

남종국, 『이탈리아 상인의 위대한 도전』, 앨피, 2015.

라시드 앗딘, 『칸의 후예들』, 김호동 역주, 사계절, 2005.

르네 그루쎄, 『유라시아 유목제국사』, 김호동·유원수·정재훈 옮김, 사계절, 1998.

미야 노리코, 『조선이 그린 세계지도: 몽골 제국의 유산과 동아시아』, 김유영 옮김, 소와당, 2010.

보라기네의 야코부스, 『황금전설』, 윤기향 옮김, 크리스찬다이제스트, 2007.

성백용, 「맨드빌의 『여행기』와 동양」, 『동국사학』 제49집(2010): 105-138.

성백용, 「'몽골의 평화' 시대의 여행기들을 통해서 본 『맨드빌 여행기』의 새로움」, 『서양중세사연구』 제28집(2011): 197-229.

에벌린 에드슨·새비지 스미스, 『중세 하늘을 디자인하다』, 이정아 옮김, 이른아침, 2006.

이혜령, 「메노키오: 르네상스와 종교개혁기의 민중적 책읽기」, 『인물로 본 문화』, 한국방송통신대학교출판부, 2005.

임병철, 「한 르네상스 지식인의 눈에 비친 동양과 동양인: 타자의 이미지를 통해 자아 만들기」, 『대구사학』 제82집(2006): 297-328.

카를로 진즈부르그, 『치즈와 구더기』, 김정하·유제분 옮김, 문학과지성사, 2001.

✿ 찾아보기

요르다누스 카탈라 드 세베락(Jordanus Catala de Sévérac)

프랑스 남부 출신으로 도미니크회 수도사였다. 출생 연대는 분명하지 않으나 1275-1280년 사이로 추정된다. 1320년경 인도로 포교 활동을 떠났다가 1328년경 프랑스 아비뇽으로 돌아와서 인도 여행기를 남겼다. 이듬해 교황 요한 22세에 의해 인도와 파키스탄 일대를 관장하는 퀼론 교구의 주교로 임명되었다. 1330년 이후의 행적에 관한 기록은 없다.

박용진(朴容進)

서울대학교 서양사학과를 졸업하고 동 대학원에서 석사학위와 박사학위를 받았다. 서울대학교 인문학연구원 HK연구교수로 재직 중이다. 지은 책으로 『중세 유럽은 암흑시대였는가?』, 『도시로 보는 유럽통합사』(공저), 『문명 밖으로』(공저), 『제국, 문명의 거울』(공저) 등이 있으며, 옮긴 책으로는 『교황 칼릭스투스의 〈산티아고 순례 안내서〉』, 『기적을 행하는 왕』, 『기베르 드 노장의 자서전』, 『기억의 장소』(공역) 등이 있다. 주요 논문으로는 「중세 말 유럽인들의 아시아에 대한 이미지와 그 변화」, 「순례와 여행」, 「자서전과 중세사회의 변화」 등이 있으며, 현재 중세 도시사, 중세의 순례, 중세의 동방과 아시아 인식, 중세 시대 아시아 여행기 등에 대해 연구하고 있다.

❁ 문명총서 발간사

서울대학교 인문학연구원은 2007년 11월 한국연구재단의 인문한국(HK) 사업을 수탁하여 HK문명연구사업단을 출범시켰다. 한국과 아시아, 세계를 향한 문명연구의 허브를 구축하기 위해 '한국 인문학'의 정립을 목표로 인문학 제 분야는 물론 인근 분야의 전공자들까지 한 지붕 아래 모였다.

인문학연구원이 한국 인문학의 도약을 위해 핵심 과제로 주목한 것은 문명에 대한 새로운 이해이다. 문명이란 장구한 세월 동안 인류가 일구어 낸 정신적·물질적 성과들의 종합이며, 타 문명들과 서로 영향을 주고받으며 진화해온 복합적 실체이다. 이에 대한 심층적인 이해가 선행되지 않는다면 현재와 미래에 대한 유효적절한 준비와 대응은 불가능하다.

'문명텍스트총서'는 인문학 안팎의 다양한 전공을 가진 우리 연구원의 연구자들이 자신의 영역에서 과거와 현재 문명의 정수와 그에 대한 인식을 담은 중요한 텍스트를 선정하여 번역하고 주해한 결과물이다. 이는 긴 시간의 노동을 요하면서도 성취가 단기간에 가시화되지 않는 우직한 작업이지만, 인류의 유산을 한국화하는 이 같은 작업이 주체적으로 세계문명을 사유하고 새로운 문명을 개척하는 데 발판이 되리라고 믿는다. 문명텍스트총서가 현재와 과거를 엮는 씨줄 놓기 작업이라면, 문명공동연구총서는 인간과 세계를 총체적으로 이해하려는 날줄 얽기라고 할 수 있다. 오랫동안 자신의 분야에서 전문화를 추구했기에 공동연구가 쉬운 일은 아니지만, 문명 이해의 융합적 시각뿐만 아니라 한국 인문학의 새로운 전망을 써 내려가는 방법론을 제시할 수 있기를 희망한 결과물이다. 또한 문명지평총서는 연구원 안팎의 연구자들이 참여한 연구서와 교양서를 아우르고 있다.

아무쪼록 문명총서 시리즈가 동서고금의 문명을 더 깊고 더 넓게 이해하는 창발의 효과를 가져오길 기대하며, 국내외의 학자들이 참여하고 교류하는 열린 연구공간이 되길 바란다.

2014년 4월

서울대학교 인문학연구원 원장

STUDIA HUMANITATIS

문명텍스트

문명의 정수를 담은 동서고금 텍스트의 번역과 주해

신민설 양계초 지음, 이혜경 주해

겐지 모노가타리 1 무라사키시키부 지음, 이미숙 주해

문명 속의 불만 지그문트 프로이트 지음, 성해영 옮김

공간, 장소, 젠더 도린 매시 지음, 정현주 옮김

장가르 2 칼미크-오이라드 민중 지음, 니콜라이 체데노비치 비트케예프 외 엮음, 유원수 주해

중세 아랍시로 본 이슬람 진영의 대對십자군 전쟁 김능우 역주

중국 근대 미디어와 소설의 시대 김수연 지음

독일적 특성과 예술에 대하여 헤르더·괴테·프리시·뫼저 지음, 안성찬 주해

크리스티안 볼프: 중국의 실천철학에 대한 강연 안성찬 역주

겐지 모노가타리 2 무라사키시키부 지음, 이미숙 주해

헤겔과 시민사회: 『법철학』「시민사회」장 해설 G.W.F. 헤겔 지음, 박배형 주해

수운 최제우의 종교 체험과 신비주의 성해영 지음

그리스 지도자들에게 고함: 이소크라테스의 아홉 통의 편지 이소크라테스 지음, 김헌 주해

식민지 지식인의 근대 초극론 〈식민지/근대 초극〉 연구회 기획, 홍종욱 엮음

장가르 3 칼미크-오이라드 민중 지음, 니콜라이 체데노비치 비트케예프 외 엮음, 유원수 주해

레온 바티스타 알베르티의 『건축론』(1, 2, 3권) 레온 바티스타 알베르티 지음, 서정일 번역·주해

선사시대 사회들의 과거 인식 리처드 브래들리 지음, 고일홍 옮김

성찰省察의 서書 우사마 이븐 문끼드 지음, 김능우 역주

재현 분열 시대의 건축: 생산의 그늘 아래 창조성의 문제 달리보 베즐리 지음, 서정일 옮김

중국문학 50년(1872-1922) 후스 지음, 김수연 옮김

교황 칼릭스투스의 『산티아고 순례 안내서』 칼릭스투스 2세 지음, 박용진 번역·주해

공손룡자 공손룡 지음, 염정삼 번역·주해

바리공주/바리데기 이경하 주해

'어떤 철학'의 변명: 이소크라테스의 연설문 『교환소송(antidosis)에 관하여』 이소크라테스 지음, 김헌 주해

신기한 것에 관한 서술: 중세 수도사의 인도 여행기 요르다누스 카탈라 드 세베락 지음, 박용진 번역·주해